北京教育学院“协同创新学校计划”项目成果

以学生为本的课堂：教师学习指南丛书

丛书主编◎余新

以学生为本的教学设计

（初中卷）

主　编◎余　新　李宝荣

副主编◎贾泽毅　王志梅

教育科学出版社

·北　京·

出 版 人　李　东
项目统筹　闫　景
责任编辑　闫　景
版式设计　孙欢欢
责任校对　贾静芳
责任印制　叶小峰

图书在版编目（CIP）数据

以学生为本的教学设计. 初中卷 / 余新，李宝荣主编. —北京：教育科学出版社，2019. 9
（以学生为本的课堂：教师学习指南丛书 / 余新主编）
ISBN 978-7-5191-1995-9

Ⅰ. ①以…　Ⅱ. ①余…②李…　Ⅲ. ①课堂教学—教学设计—初中　Ⅳ. ①G632. 421

中国版本图书馆 CIP 数据核字（2019）第 197639 号

以学生为本的课堂：教师学习指南丛书
以学生为本的教学设计（初中卷）
YI XUESHENG WEI BEN DE JIAOXUE SHEJI（CHUZHONG JUAN）

出版发行	教育科学出版社		
社　　址	北京·朝阳区安慧北里安园甲 9 号	**市场部电话**	010-64989572
邮　　编	100101	**编辑部电话**	010-64989593
传　　真	010-64891796	**网　　址**	http://www.esph.com.cn
经　　销	各地新华书店		
制　　作	北京金奥都图文制作中心		
印　　刷	中煤（北京）印务有限公司		
开　　本	720 毫米×1092 毫米　1/16	**版　　次**	2019 年 9 月第 1 版
印　　张	15. 25	**印　　次**	2019 年 9 月第 1 次印刷
字　　数	206 千	**定　　价**	45. 00 元

丛书序

余新教授团队编写的《以学生为本的教学设计（初中卷）》和《以学生为本的教学设计（高中卷）》即将由教育科学出版社出版，余新教授希望我为该套书作序。作为多年的同事，我比较了解他和书稿的相关背景，故可以从另外一些角度来谈谈这套书，以帮助读者理解和借鉴。

先说这两本书的诞生背景。北京教育学院从2016年开始实施创新性培训项目“协同创新学校计划”，由学院的培训教师深入到中小学，与中小学教师一道，围绕学校管理和教育教学中的问题与需要，协同进行实践研究，以提升学校的管理水平和教育教学水平。学术界称之为“行动研究”“学校改进”。这一创新把培训的课堂、研究的场所由院校搬到了中小学，由培训者主导设定内容改为由实践者主导设定内容，由以学习研修为主转变为以实践研究和解决问题为主。借用一个词，这是培训中的“颠覆性创新”。3年来，200多所学校，110多个主题都取得了程度不等的积极成效。2018年年底，北京教育学院对项目进行了总结和展示交流，获得了多方好评。余新教授也主持了一个主题的项目，即“以学生为本”的教学。他选择了3个不同地区、不同层次的学校，开展实践研究，取得了突出成果。在总结展示会上，余新教授团队的汇报，特别是参与项目的学校教师代表呈现的巨大变化和发展成果，引起了大家的高度关注。在项目设计之初，我就建议他设计出版理论和实践、文字与视频等不同层面的成果。这两本书即属于以实践为主的文字性成果。见到该项目实践成果的出版，我们感到由衷的高兴。

再来说说这个主题的含义和价值。“以学生为本”是个教育理念，每个人可能有不同的理解。我们的理解主要有：从教育目的的角度看，“以学生为本”实际是“以人为本”的科学发展观在学校教育的具体体现，是促进人的全面发展的一种表达。我们的目的就是要促进学生的全面发展，以学生的发展为本。它往往是与以分数为本、以知识为本相对立的。当然，“以学生为本”并不否认通过人的发展来实现社会的发展，要把人的全面发展与社会发展统一起来。从教学活动中的教学关系来说，“以学生为本”是一种新型关系的体现。具体体现在教学活动要从学生的实际出发，以学论教，因材施教，而不是从教师的主观设计出发；要调动学生自主主动学习，而不是被动接受；要落实到学生掌握知识技能，实现思想和能力的发展上，而不是只问耕耘不问收获。总之，在处理教学关系时，要以学生为本，学生既是出发点，又是落脚点。在教学中，教师起主导作用，学生起主体作用，都很重要。但从哲学原理关于内外因的观点看，从教育要实现的最终目的看，还是学生最关键、学生是根本。为什么要倡导这种理念？可以说，“以学生为本”的理念是对我国长期重教轻学的一种校正和纠偏，是新时代需要的教育理念，对更新学校教育观念、提高教育质量、改变教育模式都有特别的意义和价值。那么，什么是“以学生为本”？如何体现和操作？国外对此有许多研究和探索。余新教授的团队也邀请了国外专家来进行培训。此前看到的一份资料，提出“以学生为本”的教学法有九条具体原则。后来我想，九条太多太复杂，不便记忆与操作。我把它简化为三点，即根据教学的前、中、后时序提出“三原则”。一是教学之前要了解和把握学情，即从学情出发原则；二是教学中要调动学生积极主动参与学习活动，即学生主动原则；三是教学之后要通过测评等方式检查学生的学习效果和实际获得，即学生有得原则。余新教授在本书中将其具化为六个原则，这是在吸收各方面研究和观点的基础上形成的重要理论观点，是本套书的核心理论成果。当然，原则好说，如何操作并结合具体学科、具体内容、具体学生去落实，却是需要大量实践探索的。

本套书是项目学校教师实践研究的成果汇集，值得一线教师学习和参考。

再说说这套书的特点。这套书的特点很突出。第一，主题鲜明，落地见效。书中所有的教学设计是在新的理念下进行的设计，不是传统的设计，体现了“以学生为本”的主题特点。此外，这些设计都经过了教学检验，见到了成效。先进教育理念很多，但在教育教学中落实并不容易，有许多影响因素。一线教师可贵的地方也在于能够把一种好的理念变成行动，而行动首先体现在新的设计上。有了新的设计，课堂必定会有新的模式、新的气象。好的设计并不容易，它是一个教师综合素质的体现，而做出新的设计往往还需要很多的思考、创新，同时也离不开专家的点拨。书中的每个设计都有专家的分析，既肯定了优点，又指出了可完善的地方。第二，涵盖面广，借鉴处多。这些设计涉及初中、高中两个学段，也涉及诸多学科，对各科老师具有重要的参考借鉴价值。第三，专家引领，团队合作。本套丛书主编余新教授是教师培训领域的专家，对教师培训有深入的研究和切实、丰富的经验。他的培训教学本身就是以学员为本的，课堂气氛活跃，注重体验、参与、实践，学员都有很强的实际获得感。他在这个项目中更是深入课堂，与师生互动交流。在余新教授及其团队的引领下，项目学校教师的教学设计和实施水平也达到了较高的水平。本套书即是团队合作的成果。在此既要祝贺余新教授及其团队，也要感谢他们的贡献！

最后说说对读者的希望和期待。我在 20 世纪 80 年代就开始研究学习科学和学习指导，在许多中小学开展了学习指导的实验和实践，效果是明显的。学习科学对教育的主要贡献，就是形成“以学论教”的新观念和“以学生为本”的新模式。我一直倡导“以学论教”，对学习方式变革、学情研究、学习方法指导、学习风格等进行了一些研究和实践指导，得到了教师的肯定。我对学习科学的研究和实践怀有特殊的感情。因此，我也希望本套书的出版，能够引起更多教师的关注，希望更多的教师不仅形成“以学论教”的信念，而且掌握“以学生为本”的教学模式和策略，为大力推进教学模式的变革，真正促进学生的学习和发展做出贡献。

北京教育学院副院长　钟祖荣教授

前　言

课堂教学要“以学生为本”。如果你问教师是否同意这个观点，那么想必有90%以上甚至100%的教师举手认同。如果你再一次问举手的教师：大家平时在设计教学方案时是否有意识地秉承“以学生为本”的教育理念？那么可能有一部分人会把手放下。如果你继续问那些仍然举着手的教师：诸位是否已经理解“以学生为本”的教育理念并能有效付诸课堂实践？那么可能又有更多的人把手放下，剩下仍举着手的人寥寥无几。

对广大一线教育工作者来说，通常教育政策和理论所包含的一些教育理念从“认识”到“实践”需要跨越多级鸿沟。“知道”与“理解”、“理解”与“应用”、“应用”与“行动反思”、“行动反思”与“迭代创新”等之间，都存在着发展目标落差。教师们在践行“以学生为本”专业理念过程中也是如此。教师教育者如何在理念与实践之间搭建桥梁，促进教师们将“以学生为本”的专业理念有效落地，渗透到课堂教学实践中呢？针对这个问题，北京教育学院教师培训项目团队在《中学教师专业标准（试行）》的指导下，持续5年，通过开发与实施一系列教师培训项目，助力教师顺利跨越对“以学生为本”的“认识”与“实践”之间的“鸿沟”。

2013—2014年，项目团队引进英国哈德斯菲尔德大学（University of Huddersfield）的“以学生为本的学习”（Student-centred Learning，简称SCL）培训课程，将其嵌入到“2013年北京市中小学教师培训者培训——‘以学生为本’的教学设计与体验”和“2014年北京市中小学教师培训者培训——‘以学生为本’的教学设计与体验”两个项目中，以院本培训的方式首先培训教师培训者，使他们掌握“以学生为本”的教学设计及培训课程开发方法，为将这种理念推广到中小学课堂做好准备。2015 年，项目团队以学院支持校本研修的委托合作培训方式，通过“××中学‘以学生为本’的课堂教学改革与创新实验校本研修委托项目”，培训若干学校骨干教师掌握“以学生为本”的教学设计及实施方法，开始尝试将“以学生为本”教学设计的培训转化到中学课堂教学改革实践中。2016—2018 年，项目团队为进一步提高培训转化效果、探讨学院与学校协同创新教师学习方式，本着北京教育学院“协同创新学校计划”提出的“把培训课堂建到学校，让教师研修真正发生”的培训宗旨，在原来项目基础上开发并实施了“北京市‘以学生为本’教学设计与实施的行动学习项目”。该项目在北京市高家园中学、北京市顺义区第一中学和北京师范大学附属中学平谷第一分校连续 3 年同时推进。3 个项目学校共有 131 名教师、干部参加了集中培训，并在项目团队的指导下通过校本研修活动将培训成果转化应用到课堂教学设计与实施活动中。该项目覆盖了初中和高中多个学科，“以学生为本”的课堂教学改革包括上课、观课、磨课、复盘等多种形式，近 1500 人次的中学生参与到课堂现场活动中。

《以学生为本的教学设计（初中卷）》是“2016—2018 年北京教育学院协同创新学校计划——‘以学生为本’教学设计与实施的行动学习项目”的部分研修成果。本书阐述了“以学生为本”的教育理念，从初中语文、数学、英语、物理、化学、生物、科学、道德与法治、历史、地理、音乐、体育、美术等 13 个学科中，分别精选了富有代表性的“以学生为本”课例。这些课例包含了一线教师在研修后学以致用的实践经验与深度反思，具有理念先导性、内容真实性、学习启发性和实践应用性等特征，可为广大中学一线教师创新课堂教学抛砖引玉，也可为中小学教师培训者的培训工作提供借鉴参考。此外，读者还可阅读《中学教师专业发展标准（试行）》《中共中央 国务院关于深化教育教学改革全面提高义务教育质量的意见》《国务院办公厅关于新时代推进普通高中育人方式改革的指导意见》三个文件，理解“以学生为本”的政策依据。

这里特别强调的是，本书中的课例绝不是完美无缺的，其中一些课例甚至还存在着明显缺陷和尚待改进之处。尽管每个课例都经过培训项目团队的精心指导、教研组的多次研磨和授课教师们的反复揣摩，但是作为一节真实的课，每次教师上完课后总会既有成功的喜悦与宝贵的收获，又有或多或少的遗憾。怀着对“以学生为本”教学设计进行交流学习和共同探索的愿望，本书呈现的教学设计都源于真实的常态课堂，并没有对已经上过的课的细节进行改动。在编写教学反思部分时，作为“局外人”的指导教师也没有刻意“美化”或对授课教师的反思内容“添油加醋”，而是单独以“专家箴言”和“专家点评”的形式表达个人观点。因此，希望读者不要将此书作为“以学生为本”的课堂“标杆”，而是作为“靶子”加以完善，进而找到自己课堂创新的灵感与方法。需要特别指出的是，为了方便读者理解，书中的案例配有教学视频片段，扫描相应位置的二维码即可观看教学视频。

本书撰稿分工如下：第一章由北京教育学院余新、李宝荣编写；第二章由北京市高家园中学刘颖编写；第三章由北京市高家园中学王燕编写；第四章由北京市高家园中学王帅、刘媛媛编写；第五章由北京市高家园中学马丽娜编写；第六章案例 5 由北京市高家园中学徐晶、首都师范大学附属实验学校朱海凤编写，案例 6 由北京市高家园中学周娜编写；第七章由北京市高家园中学黄蕾编写；第八章由北京市高家园中学马丽娜、周娜编写；第九章由北京师范大学附属中学平谷第一分校许崇娜编写；第十章由北京师范大学附属中学平谷第一分校杜娜编写；第十一章由北京师范大学附属中学平谷第一分校王浩建编写；第十二章由北京市高家园中学沈洋编写；第十三章由北京市高家园中学常连霞编写；第十四章由北京市高家园中学辛玥编写。本书主编为余新、李宝荣，副主编为北京市高家园中学贾泽毅、王志梅。

本书的顺利出版要感谢很多专家同行的专业支持和关心帮助。首先要感谢英国哈德斯菲尔德大学张勍博士、Carmel Gibbons、Neil Denby、Alison Ryan 等培训师组织的 SCL 培训工作坊，为我们探讨“以学生为本”的课堂教学打开了视野。感谢北京教育学院张亚新教授（语文）、王长沛教授（数学）、袁昌寰教授（英语）、龚燕江副教授（物理）、何彩霞教授（化学）、李慎英副教授（生物）、柏毅教授（科学）、齐宪代副教授（道德与法治）、赵艳兵教研员（历史）、何妮妮教授（地理）、陈雁飞教授（体育）、巩平教授（音乐、美术）等教师培训专家分别为各学科课例进行专业指导，并撰写了“专家箴言”和“专家点评”，为课例反思画龙点睛。感谢北京教育学院李春艳副教授和北京师范大学附属中学平谷第一分校董长华副校长在组织、协调老师们撰写案例工作中的无私奉献，他们是学院集中培训和校本研修之间的顶梁支柱。感谢北京教育学院何劲松院长、钟祖荣副院长，以及基础教育人才研究院、数学与科学教育学院、外语与国际教育学院、教务处、科研处、国际合作与交流处等部门领导和同事对该项目实施及本书成果出版的大力支持。感谢教育科学出版社教师教育编辑部刘灿主任和闫景编辑的关心帮助。

余　新

目 录

第一章
“以学生为本”的教育理念

美国学者劳伦斯·彼得（Laurence Peter）曾经提出过“职业性机械行为”现象。对职业性机械行为者而言，他们不把自己作为服务对象来看待，相反，他们把服务对象作为维持自己职业生存的依赖，忘记了工作的初心、根本目的和要获得的结果。同样的事情也会发生在我们的学校和课堂。一部分教师常常只关注这节课的教学内容是否按计划完成或自己的PPT（演示文稿）的播放进度如何，学生是否迟到早退，是否遵守课堂纪律，作业有没有按时上交，班级期末考试成绩在全校排名多少，等等，工作的主战场成为解决诸如此类问题的场所。

这势必导致最重要的问题被忽视：教育的终极目的是什么？学校和教师究竟为谁而存在，为什么而教？如何满足学生的差异性和个性化需求？哪些学生掌握了教学内容？哪些学生还没有掌握？教师采用的教育方法适合所有的学生吗？教学内容如何联结学生的生活经验？如何关注学生的学习效果？如何达成学业成绩以外的学生发展目标？

第一节 “以学生为本”教育理念的提出背景

古今中外的教育思想家们一直在提醒我们：教育要以学生为本，理解学生、尊重学生、激发学生、信任学生、发展学生，才是教师的天职。

在西方教育思想中，从古代苏格拉底的“精神产婆”术，到近代卢梭的自然主义和蒙特梭利的自由教育思想，再到现代杜威的“儿童中心说”、罗杰斯的人本主义心理学和皮亚杰的建构主义学习观，乃至后现代主义教育思想，虽然“以人为本”教育被赋予了不同的时代内涵，但是，教育思想家们都把学生置于教育优先关照的位置。

在我国古代，孔子的“不愤不启，不悱不发”“因材施教”，对后世“以学生为本”教学思想的发展产生了深远的影响。明代思想家李贽十分推崇“童心”，黄宗羲、王夫之、颜元等人的教育思想都体现出了对儿童的重视。到了五四运动时期，教育先驱们积极倡导平等的师生关系，后来，陶行知提出了著名的“解放儿童”教育观。

20世纪90年代，“以学生为本”的教育理念在素质教育中初见端倪，全体学生发展观在素质教育中得到大力倡导。1993年，中共中央、国务院在总结广大教育工作者改革实践经验的基础上制定发布的《中国教育改革和发展纲要》指出：“中小学要由‘应试教育’转向全面提高国民素质的轨道，面向全体学生，全面提高学生的思想道德、文化科学、劳动技能和身体心理素质，促进学生生动活泼地发展。办出各自的特色。”针对应试教育的弊端，素质教育强调我国教育的根本目的是全面提高人的基本素质，要尊重人的主体性和主动精神，注重开发人的智慧潜能，注重形成人的健全个性。在“以人为本”素质教育理念引导下，“以学生为本”的教育理念逐渐在中小学教育实践中得到响应与贯彻。

2001年，经国务院同意，教育部颁发了《基础教育课程改革纲要（试行）》，启动了新一轮基础教育课程改革，“以人为本”的素质教育理念日益深入人心，“以学生为本”的教育理念在课程改革中得到有力体现，特别是大力倡导学生的个性发展。此次课程改革强调教师在教学过程中应与学生积极互动、共同发展，要处理好传授知识与培养能力的关系，注重培养学生的独立性和自主性，引导学生质疑、调查、探究，在实践中学习，促进学生在教师指导下主动地、富有个性地学习。教师应尊重学生的人格，关注个体差异，满足不同学生的学习需要，创设能引导学生主动参与的教育环境，激发学生的学习积极性，培养学生掌握和运用知识的能力，使每个学生都能得到充分的发展。此次课程改革全面体现“以学生为本”的教育理念，包括“以学生为本”建立课程标准、“以学生为本”编写课程教材、“以学生为本”改进课堂教学、“以学生为本”评价教学与学习成绩等。

明文提出并倡导“以学生为本”教育理念的是2012年教育部颁布的《幼儿教师专业标准（试行）》《小学教师专业标准（试行）》和《中学教师专业标准（试行）》。《中学教师专业标准（试行）》提出中学教师要具备“师德为先”“学生为本”“能力为重”“终身学习”四大专业理念。其中，“学生为本”的含义界定为“尊重中学生权益，以中学生为主体，充分调动和发挥中学生的主动性；遵循中学生身心发展特点和教育教学规律，提供适合的教育，促进中学生生动活泼学习、健康快乐成长，全面而有个性地发展”。

《中学教师专业标准（试行）》的内容贯穿着“以学生为本”的理念，从不同维度对教师提出专业发展要求。

在“对学生的态度与行为”方面，要求教师“关爱中学生，重视中学生身心健康发展，保护中学生生命安全。尊重中学生独立人格，维护中学生合法权益，平等对待每一位中学生。不讽刺、挖苦、歧视中学生，不体罚或变相体罚中学生。尊重个体差异，主动了解和满足中学生的不同需要。信任中学生，积极创造条件，促进中学生的自主发展”。

在“教育教学的态度与行为”方面，要求教师“树立育人为本、德育为先的理念，将中学生的知识学习、能力发展与品德养成相结合，重视中学生的全面发展。尊重教育规律和中学生身心发展规律，为每一位中学生提供适合的教育。激发中学生的求知欲和好奇心，培养中学生学习兴趣和爱好，营造自由探索、勇于创新的氛围。引导中学生自主学习、自强自立，培养良好的思维习惯和适应社会的能力”。

在“教学设计”方面，要求教师“科学设计教学目标和教学计划。合理利用教学资源和方法设计教学过程。引导和帮助中学生设计个性化的学习计划”。

在“教学实施”方面，要求教师“营造良好的学习环境与氛围，激发与保护中学生的学习兴趣。通过启发式、探究式、讨论式、参与式等多种方式，有效实施教学。有效调控教学过程，合理处理课堂偶发事件。引发中学生独立思考和主动探究，发展学生创新能力”。

在“教育教学评价”方面，要求教师“利用评价工具，掌握多元评价方法，多视角、全过程评价学生发展。引导学生进行自我评价。自我评价教育教学效果，及时调整和改进教育教学工作”。

《中学教师专业标准（试行）》是国家对合格中学教师的基本专业要求，是中学教师开展教育教学活动的基本规范。“师德为先”“学生为本”“能力为重”“终身学习”四大专业理念成为中学教师自身专业发展的行动航标。

我国教育界在对“以学生为本”的教育理念达成共识的同时，在教育教学实践领域也开展了有意义的创新探索，其中包括山东省茌平县杜郎口中学和江苏省泰兴市洋思中学等学校，均为“以学生为本”的实践典范。

杜郎口中学坚持“以人为本，关注生命”的教育理念，自主创新“三三六”课堂教学模式，挖掘学生的学习潜能，促进学生全面发展。“三三六”课堂教学模式，即课堂自主学习的三个特点——立体式、大容量、快节奏；自主学习的三大模块——预习、展示、反馈；课堂展示的六个环节——预习交流、明确目标、分组合作、展现提升、穿插巩固、达标测评。为了适应学生的发展，教育教学环境也做了一些改变：撤掉讲台，搬走讲桌；取消插秧式课桌排放，变为以小组为单位对桌摆放；增加黑板，提高板面利用次数，短平快地实现课堂效益的最大化；把课堂的时间、空间还给学生；形式多样，自主发展。

江苏省泰兴市洋思中学在教学中采用“先学后教、当堂训练”的教学模式，很好地培养了学生的自学能力，减轻了学生的负担，解决了“后进生”的问题。“先学后教、当堂训练”课堂分为三个环节（先学、后教、当堂训练）和九个步骤。其中“先学”环节包括“激学”“导学”“自学”三个步骤；“后教”环节包括“互教”“班教”“导教”三个步骤；“当堂训练”环节包括“自练”“互练”“导教”三个步骤。每门课都是教师先提出学习内容和要求，限定时间让学生自学教材，再做教材上的练习题。教师当堂布置作业，当堂检查，课后不留作业。“先学后教”中的“教”，不是教师真正意义上的教，而是教师对学生做的练习题做出评判，个别不会做的由教师指导。洋思中学的课堂教学充分体现了以学生为主体、以学生的学习为中心、以培养学生的能力为核心，激发和调动了学生学习的主动性、积极性和自觉性；学生在教师的组织下，有序、全面地参与到教学活动中。

“以学生为本”的实践案例不胜枚举。有的学校主动从学生“学”的角度出发改革原有的教学模式，例如山西省新绛中学改“教案”为“学案”，结合学生的学习认知规律设计问题、学习目标、读书指导等，有效提高了学生的学习质量和综合素质，减轻了学生的课业负担，掀起了一场高中课改风暴。有的学校是“被逼无奈”而“置之死地而后生”，将课堂“放”给学生，从而激发了学生的主体性，改变了教师“一统课堂的霸权”，例如山东省昌乐二中的学生主体课堂。还有的学校从有效教学角度改革教学方式。江苏省南京市溧水区东庐中学的“讲学稿”（根据学生的“学”来设计学案和教案）、河南省沁阳永威学校的“自主学习为主，合作学习为辅”、河南省西峡第一高级中学的“三疑三探”（设疑自探—解疑合探—质疑再探—拓展运用）、湖北省郧西县第一中学的自主学习高效课堂（以导学练案为方向盘，以建立小组建设学习为载体，以生本教育指引自主学习）等课改优秀案例都遵循了学生的学习规律，保障了学生的学习权利，促进了学生的有效学习。

这种“以学生为本”、促进每一个学生发展的思想，在不同地域、不同类型、不同做法的课堂改革中，得到了有效的阐释。在超越分数和考试结果的基础上，学生主体课堂所体现的价值追求，成为当前中国基础教育改革实践的亮丽风景线。

令人欣慰的是，一些教育学者也以行动者的角色深入教育实践，不“坐而论道”，而是“起而行道”，以理论与实践相结合诠释“以学生为本”的教育真谛。

朱永新教授的“新教育实验”把学生放在了教育改革的中央位置，旨在“帮助师生过一种幸福完整的教育生活”，希望通过努力改变教师的行走方式，改变学生的生存状态，改变学校的发展模式，改变教育科研的范式，实现人的全面和谐成长。

叶澜教授的“新基础教育实验”，针对当前基础教育在学校实践中存在的忽视学生多方面成长发展需要的问题，提出要从生命和基础教育的整体性出发，唤醒教育活动中的每一个生命，让每一个人都真正“活”起来。“新基础教育实验”提出了四个“还给”：把课堂还给学生，让课堂焕发生命的活力；把班级还给学生，让班级充满成长的气息；把创造还给教师，让教育充满智慧的挑战；把精神发展的主动权还给师生，让学校充满勃勃生机。

郭思乐教授通过课题研究带动“生本教育”实践，高度尊重学生，全面依靠学生，把以往教学中主要依靠教师的“教”，转变为主要依靠学生的“学”，实现由“师本教育”向“生本教育”的转变，即把为教师的好教而设计的教育转向为学生的好学而设计的教育，促进学生积极、主动、活泼、健康地发展。

崔允漷教授从深度学习角度，提出用学历案替代教案，以提高学生的学习效果。学历案是教师在班级教学的背景下，为了便于学生自主或社会建构经验，围绕某一相对独立的学习单位，对学生学习过程进行专业化预设的方案。通过在浙江、江苏等地实践，崔允漷教授提出了一系列有关课堂教学的关键策略，其中包括：明确深度学习的目标，让学生感受知识学习的意义与价值；选择或形成有挑战性的、与目标匹配的主题；创设问题情境，诱导学生的兴趣或思考；设计指向学科核心素养的、有意义的任务；确定班级中三分之二的学生能跟得上的学习进阶；强调多感官参与，组织听、看、说、做、演等多样化的学习活动，提供合作、探究、展示与交流的机会；选择真实情境，强调学以致用，开展表现性评价；设计学后反思的路径，引导学生养成反思学习的习惯。

林崇德教授课题组发布的《中国学生发展核心素养》，以培养“全面发展的人”为核心，从文化基础、自主发展、社会参与三个方面，提出了学生应具备的人文底蕴、科学精神、学会学习、健康生活、责任担当、实践创新六大核心素养，作为学生能够适应终身发展和社会发展需要的必备品格与关键能力。学生发展核心素养是一套经过系统设计的育人目标框架，其落实需要从整体上推动各教育环节的变革，最终形成以学生发展为核心的完整育人体系。学生发展核心素养明确了“21 世纪应该培养学生什么样的品格与能力”，引领和指导教师在日常教学中改变当前存在的“学科本位”和“知识本位”现象，坚持“以学生为本”的教育理念，更好地贯彻落实党的教育方针。

这些成功的课堂实践和研究探索都从不同角度体现出“以学生为本”的教育理念，即尊重学生的主体性，较为充分地实践了“自主、合作和探究”的理念，使得我们曾经熟稔的“学生”“学习”“学习能力”“学习方法”“内驱力”“学习规律”，乃至“学校”等概念的内涵焕发出新的光彩。

2018 年，普通高中课程方案颁布。课程方案首先对我国普通高中的功能进行了准确定位。教育部基础教育课程教材专家工作委员会主任委员王湛说：“针对长期以来存在的片面追求升学率的倾向，新修订的课程方案强调，普通高中不只是为升大学做准备，还要为学生适应社会生活和职业发展做准备，为学生的终身发展奠定基础……课程方案不能跟着考试走，要跟着育人走。”课程方案中普通高中的定位，是极为重要的导向，促使高中教育发生根本性转向。

新修订的普通高中各学科课程标准将以前以知识点学习为主的导向，转变为以凝练学科核心素养为导向。转向核心素养，就是转向人、转向育人。这一重大转向，将精选、重组教学内容，重新设计教学活动，改革考试评价制度与方法，进一步推进课堂教学改革，由以教为主向以学为主深入转变。其关键是怎样真正使课堂中最核心的一对关系，即教与学的关系调整到位，真正使课堂由学生被动学习走向主动学习，由单一学习走向多样化学习，由被适合的学习走向适合的学习，由强制学习走向选择学习。

当下推动课堂教学改革的临门一脚，是教师在面对新课堂如何真正实现落地转化的时候获得有效的操作方式和模式。不能指望完全照搬专家或别人的现成经验，基层学校、校长、教师亟须把课堂转变过程中所需的一些规则、方式、方法，包括工具、手段总结提炼出来，形成各具特色的新型课堂操作模式。

第二节 “以学生为本”教育理念的基本观点

一、“以学生为本”教育理念的内涵

“以学生为本”的教育理念是指我们的教育要从学生的实际出发，在注重发挥教师的主导作用和重视教育社会功能的同时，着眼学生的发展，使学生获得全面、主动、有个性的可持续发展。“以学生为本”教育理念的内涵主要包括以下几个方面。

第一，把“以学生为本”理念作为教育活动的逻辑起点，学生发展是教育的最终目的。教育是一种培养人的活动，学生是教育过程的终端，是教育的本体。“以学生为本”的教育理念是对人类思想史上人本主义、人道主义思想传统的批判继承，是针对当今社会和现代教育中出现的人的物化的弊端并基于教育的本质提出的。教育是培养人的社会实践活动，是直接以塑造和建构主体自身为对象的实践领域。虽然教育具有本体功能和社会功能两大功能，但教育社会功能的作用大小取决于国民素质是否提高，取决于建设人才的培养水平。教育的本体功能是社会功能的根据，没有教育的本体功能，也就谈不上教育的社会功能，社会功能是本体功能的社会呈现形式。两者是承续、因果关系，而不是并列的两种功能。因此，“以学生为本”就是要把学生特别是学生的发展作为教育活动的本体，一切教育活动都要从学生的发展出发。这是“以学生为本”教育理念的逻辑起点。

第二，把“以学生为本”理念作为理解教育目的的重要原则，让学生得到全面和谐发展。“以学生为本”的教育理念强调促进学生的发展。这里的发展是马克思主义所讲的人的全面发展。马克思主义关于人的全面发展理论主要包括三方面内容：一是人的体力和智力都得到充分发展和运用，其他方

面的能力也在此基础上得到充分发展和运用；二是人的体力和智力在充分发展的基础上结合和统一起来；三是人各方面能力的发展逐步向熟练地掌握、运用一切自然和社会发展规律方向前进，最终使人成为自由王国里的公民。当代人的全面发展应包含人的自然性与社会性、体力与脑力、生理与心理的全面、和谐、统一的发展。应试主义的倾向使部分学校在教育教学中片面重视学生知识的学习，忽视学生能力的培养，忽视学生良好道德品质和正确人生观、世界观及良好心理素质的养成。在过重的课业负担影响下，学生的身体素质得不到提高。正因如此，“以学生为本”的教育理念更加强调促进学生的全面发展。

第三，把“以学生为本”理念作为分析现代教育基本任务的根本依据，让全体学生都得到发展。如果说让学生得到全面发展是“以学生为本”的教育理念在质上的规定的话，那么让全体学生都得到发展则是其在量上的要求。让全体学生都得到发展是现代教育的必然要求。现代教育的一个重要特征是民主化，包括外部民主和内部民主。教育的外部民主主要体现在教育的普及上，教育的内部民主主要表现为让全体学生都得到发展。每一个学生都有独特的个性和能力，每一个学生都有权利要求接受适合其个性特点的教育，实现个人的价值。这就要求我们的教育尊重每一个学生，尊重每一个学生的个性、特点，为每一个学生提供平等的机会、资源。当前，我国教育面临的主要矛盾是人民群众对接受更好教育的需要与教育发展不均衡之间的矛盾，在全面建成小康社会的决胜阶段，教育肩负着从“有学上”到“上好学”的新使命。让全体学生得到发展是实现社会公平特别是教育公平的根本要求，是“以学生为本”教育理念的基本内涵。为此，必须实现教育资源在不同地区、学校、班级之间的公平配置，给予全体学生同等的关爱。

第四，用“以学生为本”理念统领教育实践活动，让学生主动发展。“以学生为本”，不但强调让全体学生都得到全面发展，而且要求这种发展必须是学生的主动发展。当下，人的主动发展比其他任何时候都显得必需和重要。知识经济的主要推动力是人的知识、智慧、能力等，它要求人拥有主动获取知识、主动适应环境以及创新等能力。正因如此，教会学生学习、促进学生积极主动地发展是世界各国教育改革的共同目标。促进学生主动发展，要特别关注学生发展的内发性和能动性。所谓内发性，是指学生的发展出自个人内心的要求，而不是被迫的。所谓能动性，是指学生在发展中表现出创造性。我们不但要教给学生知识，还要教会学生自己获取知识，培养学生对知识的渴求；不但要培养学生的学习能力，还要培养学生的自我意识、自治能力以及自觉性、主动性等品质。

第五，用“以学生为本”理念突显时代教育特征，让学生的个性得到充分发展。教育个性化的思潮首先产生于“二战”后的一些发达资本主义国家，继而猛烈地冲击着各国的教育，是近年来各国教育改革具有普遍指导意义的思想。改革开放以来，我国也在各类教育改革文件中强调重视学生的不同需要、特殊兴趣和不同才能的培养。但在教育实践中，仍然较为严重地存在着不尊重学生个性、不注重学生个性发展的状况。“以学生为本”的教育理念强调尊重学生的个性，充分开发学生的各种潜能，使学生获得有个性、有特色的发展。

第六，把“以学生为本”的教育理念作为指导教育的根本理念，让学生实现可持续发展。可持续发展原是环境保护领域的一个基本理念，现已迅速成为国际社会广泛认同并推崇的全新发展观。社会的可持续发展，基础在于人的可持续发展。随着人类社会进入学习化社会以及终身教育思潮的兴起，人的受教育阶段不再局限于在校期间，发展也成为终身的事情。这就要求教育进行变革以促进学生的可持续发展。学生的可持续发展具体包括以下内容：一是适应性发展。就是让学生具有适应当前以及未来社会、生活、职业等方面发展变化的能力。二是潜能发展。在哲学意义上，人的可持续发展意味着人是未完成的、有待不断完善的社会存在物。也就是说，每个人都有多方面的潜能，教育就是要使人的潜能得到不断的、最大限度的发展，从而不断完善自我。三是连续发展。学生的发展应是非间断的、连续的发展，今天的发展是日后发展的前提和基础，对学生的一生发挥着持续的影响。四是协调发展。学生的发展应实现与周围环境以及自身内部的协调，如生理与心理的协调、人格各方面的协调等。

第七，把“以学生为本”的教育理念与教师作用统一起来，充分发挥教师的主导作用。“以学生为本”的教育理念虽然强调学生的主体作用，但并没有因此而否定教师的主导作用。“以学生为本”与充分发挥教师的主导作用不是矛盾对立的，而是和谐统一的。长期以来，我们没有处理好两者的关系，要么片面强调教师而忽略学生，要么只重视学生而否定教师的作用。只有充分发挥教师的主导作用，才能真正做到“以学生为本”。发挥教师的主导作用是“以学生为本”的必要条件。坚持“以学生为本”，强调发挥学生的主体性，绝不是抹杀教师的作用，而是对教师如何发挥主导作用提出了更高的要求。教师的主导作用表现为帮助学生明确学习目的、方向，规定教育教学的要求和内容，对教材进行加工，选择运用恰当的教与学的方法，培养学生自动学习的精神和自我教育的能力等。特别倡导教师在学生学习过程中积极发挥引导、促进、帮助、支持、陪伴、呵护、浸润等作用。

第八，把“以学生为本”教育理念与社会要求统一起来，充分发挥教育的社会功能。这里强调“以学生为本”，不等于否定教育的社会功能。现代教育应实现个人发展与社会发展的有机统一。教育只有把学生放到本体地位，才能真正促进学生的发展，培养全面、主动、可持续发展的人，实现教育的本体功能；只有让学生实现充分的发展，才能培养符合社会需要的人才，促进整个社会的发展，实现教育的社会功能。同时，教育会受到社会的影响和制约，教育总是按照社会的要求来培养人才，因此“以学生为本”绝不能脱离现实的社会条件，充分发挥教育的社会功能也是“以学生为本”教育理念的内在要求。

二、“以学生为本”教育理念的学生观

“以学生为本”教育理念强调学生在学校教育体系中居于主体地位，具体包括四个方面的含义。第一，学生是发展的主体。它的意思是：学生的身心发展是有规律的；学生的潜能是巨大的；学生还是正在成长的人，是不成熟的。第二，学生是独特的主体。它的意思是：学生是一个身心完整的活生生的人，不是一个单纯抽象的学习者或受教育的对象，而是有着丰富的个性、全身心参与教育教学的人。每个学生都有自身的独特性，都是独一无二的存在。第三，学生是教育活动的主体。学生具有内在的主体能力，其主体性通过丰富的形式来表现。学生的主体结构包括动力系统和操作系统，都是通过

教育教学活动发挥作用，并在活动中得到发展和完善。第四，学生是责权主体。这是从法律和伦理的角度确立的。在现代社会，学生享有一定的法律权利并承担一定的法律责任，是法律上的责权主体。同时，教育活动也存在特定的伦理规范，学生享有特定的伦理权利并承担一定的伦理责任，也是伦理上的责权主体。现代学校里的学生有各种各样的权利和责任，仅就学习而言，掌握人类文化成果精华既是学生的权利，也是学生的责任。

学生这一主体还有一些特性是当今教育教学改革应该关注的：首先，学生的多元性。现在社会阶层分化明显，在学校里也有一定的体现。人人平等地受教育的民主观念受到挑战，改革必须满足人们对教育公平的诉求。教育如何做到有教无类和因材施教的结合，保障每个学生既得到公平对待又能够实现个性发展，是一个值得关注的问题。其次，学生的个体差异性。这种差异既有层次上的，有的发展快有的发展慢；也有类型上的，有不同方面的发展，呈现出智能的多元发展。教育要办成适合学生的教育，让人人都成才，让每个学生都有自己的精彩。最后，学生的自主性、独立性、创造性。学生有很大的潜能，我们要充分发挥学生的潜能，使其自主性、独立性、创造性得到充分的发挥。

三、“以学生为本”教育理念的学习观

“以学生为本”教育理念的学习观与建构主义学习理论如出一辙。可从学习的含义（即什么是学习）与学习的方法（即如何进行学习）这两个方面进行理解。

“以学生为本”的学习的含义，强调知识不是通过教师传授得到，而是学习者在一定的情境即社会文化背景下，借助其他人（包括教师和学习伙伴），利用必要的学习资料，通过意义建构的方式而获得。学习是获取知识的过程，情境、协作、会话和意义建构是学习环境中的四大要素或四大属性。

情境：学习环境中的情境必须有利于学生对所学内容的意义建构。教学设计不仅要考虑教学目标分析，还要考虑有利于学生建构意义的情境创设问题，并把情境创设看作教学设计最重要的内容之一。

协作：协作发生在学习过程的始终。协作对学习资料的收集与分析、假

设的提出与验证、学习成果的评价直至意义的最终建构都发挥着重要作用。

会话：会话是协作过程中不可缺少的环节。学习小组成员之间必须通过会话商讨如何完成规定的学习任务计划；此外，协作学习过程也是会话过程，在此过程中，每个学习者的思维成果为整个学习群体所共享，因此会话是达成意义建构的重要手段之一。

意义建构：在学习过程中帮助学生建构意义就是要帮助学生对当前学习内容所反映的事物的性质、规律以及该事物与其他事物之间的内在联系达到较深刻的理解。这种理解在大脑中的长期存储形式就是“图式”，也就是关于当前所学内容的认知结构，这是整个学习过程的最终目标。学习的质量是学习者意义建构能力的函数，而不是学习者重现教师思维过程能力的函数。获得知识的多少取决于学习者根据自身经验对有关知识开展意义建构的能力，而不取决于学习者记忆和背诵教师讲授内容的能力。

“以学生为本”的学习方法，既强调学习者的认知主体作用，又不忽视教师的指导作用。学生是信息加工的主体和意义的主动建构者，而不是外部刺激的被动接受者和被灌输的对象。教师是意义建构的帮助者、促进者，而不是知识的传授者与灌输者。

学生要成为意义的主动建构者，就要在学习过程中从以下几个方面发挥主体作用：第一，用探索法、发现法建构知识的意义；第二，在建构意义的过程中主动收集并分析有关的信息和资料，对所学的问题提出各种假设并努力加以验证；第三，把当前学习内容所反映的事物尽量和自己已经知道的事物相联系，并对这种联系进行认真的思考。联系与思考是意义建构的关键。如果能把联系与思考的过程和协作学习中的协商过程（即交流、讨论的过程）结合起来，则学生建构意义的效率会更高、质量会更好。协商有自我协商与相互协商两种（也叫内部协商与社会协商），自我协商是指自己和自己争辩什么是正确的，相互协商则指学习小组内部相互之间的讨论与辩论。

四、“以学生为本”教育理念的教学观

“以学生为本”教育理念的教学倡导学生是知识意义的主动建构者；教师是教学过程的组织者、指导者，意义建构的帮助者、促进者；教材所提供

的知识不再仅仅是教师传授的内容，更是学生主动建构意义的对象；媒体不仅仅是帮助教师传授知识的手段、方法，而且在教学活动中日益突显创设情境、进行协作学习和会话交流的增值作用。

在“以学生为本”的教育理念下，教学要考虑学生的需求和学习爱好，充分利用学生已有的知识和经验；鼓励学生独立学习，培养学生的核心学习技能；鼓励学生积极参与学习过程并提出自己的想法，培养解决问题的能力；鼓励教师使用活动或资料来激励、帮助学生，甚至给予学生挑战，而不是直接呈现知识；要应用形成性评价、同学互评和学生自我评价，引导和教会学生学习。

五、“以学生为本”教育理念的教师观

在“以学生为本”的教育理念下，教师要从传统的传递知识的权威转变为学生学习的辅导者，成为学生学习的高级伙伴或合作者。教师应该给学生提供复杂的真实问题。他们不仅需要开发或发现这些问题，而且必须认识到复杂问题有多种答案，激励学生对问题解决的多种思路，这显然是与创造性的教学活动宗旨紧密结合的。教师必须创设一种良好的学习环境，学生在这种环境中可以通过实验、独立探究、合作学习等方式展开他们的学习，教师必须保证学习活动和学习内容相平衡。教师必须提供促进学生元认知的工具和心理测量工具，培养学生评判性的认知加工策略，以及建构和理解知识的心理模式。教师应认识到教学目标包括认知目标和情感目标，教学是逐步减少外部控制、增加学生自我控制学习的过程。

教师要成为学生建构意义的帮助者，就要在教学过程中从以下几方面发挥指导作用：第一，激发学生的学习兴趣，帮助学生形成学习动机；第二，通过创设符合教学内容要求的情境和提示新旧知识之间联系的线索，帮助学生建构当前所学知识的意义；第三，为了使意义建构更有效，教师应在可能的条件下组织协作学习（开展讨论与交流），并对协作学习过程进行引导，使之朝着有利于意义建构的方向发展。引导的方法包括：提出适当的问题以引发学生的思考和讨论；在讨论中设法把问题一步步引向深入，以加深学生对所学内容的理解；启发诱导学生自己去发现规律，自己去纠正错误或片面

的认识。

六、“以学生为本”教育理念的教学方法

基于“以学生为本”教育理念的教学方法是在建构主义的教学模式下践行的教学方法，主要有以下几种。

（一）支架式教学

支架式教学能为学习者建构对知识的理解提供概念框架。支架原本指建筑行业中使用的脚手架，在这里用来形象地描述一种教学方式：学生被看作一座建筑，学生的“学”是不断地积极建构自身的过程；而教师的“教”则是一个必要的脚手架，支持学生不断地建构自己，不断建造新的能力。

支架式教学以俄国著名心理学家维果茨基的“最近发展区”理论为依据。维果茨基认为，在测定儿童智力发展时，应至少确定儿童的两种发展水平：一种是儿童现有的发展水平，另一种是儿童潜在的发展水平，这两种水平之间的区域被称为“最近发展区”。教学应从儿童潜在的发展水平开始，不断创造新的“最近发展区”。支架教学中的支架应根据学生的“最近发展区”来建立，通过支架作用不停地将学生的智力从一个水平引导到更高的水平。

支架式教学通常由“搭脚手架—进入情境—独立探索—协作学习—效果评价”五个环节组成。

（二）抛锚式教学

抛锚式教学要求建立在有感染力的真实事件或真实问题的基础上。确定这类真实事件或真实问题被形象地称为“抛锚”，因为一旦这类事件或问题被确定了，整个教学内容和教学进程也就被确定了（就像轮船被锚固定一样）。

建构主义认为，学习者要想完成对所学知识的意义建构，即达到对该知识所反映事物的性质、规律以及该事物与其他事物之间联系的深刻理解，最好的办法是让学习者到现实世界的真实环境中去感受、去体验（即通过获取直接经验来学习），而不是仅仅聆听别人（如教师）关于这种经验的介绍和讲解。抛锚式教学由于要以真实事例或问题为基础（即“锚”），所以有时

也被称为“实例式教学”“基于问题的教学”或“情境性教学”。

抛锚式教学通常由“创设情境—确定问题—自主学习—协作学习—效果评价”五个环节组成。

（三）随机进入教学

随机进入教学是指学习者可以随意通过不同途径、不同方式进入同样教学内容的学习，从而获得对同一事物或同一问题多方面的认识与理解。由于事物的复杂性和问题的多面性，要做到对事物内在性质与事物之间相互联系的全面了解和掌握，即真正达到对所学知识全面而深刻的意义建构是很困难的，而从不同的角度考虑可以得出不同的理解。因此，在教学中就要注意对同一教学内容，在不同的时间、不同的情境下，根据不同的教学目的，用不同的方式加以呈现。

显然，学习者通过多次进入同一教学内容，将能实现对该知识内容比较全面而深入的掌握。这种多次“进入”，绝不是像传统教学中只是为巩固一般的知识、技能而实施的简单重复。这里的每次“进入”都有不同的学习目的，都有不同的问题侧重点。因此多次“进入”的结果，是学习者获得对事物全貌的理解与认识上的飞跃。

随机进入教学通常包括“呈现基本情境—随机进入学习—思维发展训练—小组协作学习—学习效果评价”五个环节。

第三节 “以学生为本”的教学原则

在“以学生为本”的课堂中，教什么、怎样教、何时教、怎样评都应根据学生的情况决定。“以学生为本”的教学倡导教师站在学生的角度考虑如何帮助他们更好地进行学习，例如，学生学习的目标是什么，需要学习什么样的内容，什么样的学习方式更好，该创设什么样的学习环境，该如何进行学习评价等。教师需要对“以学生为本”的理念有清晰的认识，并遵循一定的教学原则，探索相应的教学策略，更好地体现“以学生为本”的教育理念，促进学生的多维度发展。

通常，“以学生为本”的教学要遵循以下六个基本原则。

一、有效进行学情分析，为确定学习目标和学习活动提供依据

学情是教学目标确定的重要依据，教师要注重对学生学习和发展需求进行多维度分析。学情分析既要考虑学生的认知水平、已有的与学习主题相关的知识基础和经验以及理解能力与学习能力，还要考虑学生在主题内容学习中的欠缺和不足，要把学情分析贯穿在教学前、中、后的过程中，形成学情分析连续体。

（一）分析学生的认知水平、学习兴趣和学习需求

学情分析的一个重要方面是考虑学生的认知水平，对即将学习的主题内容的学习基础、学习需求和兴趣。教师要把学生看作积极的学习者，依据学生的兴趣，了解学生已有的知识背景和情感态度价值取向，从而找到教学目标与学生兴趣、情感态度价值取向的结合点，以便更好地实现教学目标，并依据学生已有的知识基础和兴趣选择学习活动的内容与形式。当然，教师要确保学习活动为教学目标服务，活动与任务设计不能单纯为了迎合学生的兴趣需要，以致在热闹的气氛中偏离或者丢失了教学目标。

（二）分析学生已有的主题知识基础和经验

一些教师教学设计中的学情分析多为学生基本情况介绍，包括年龄、心理特点、整体学习状况等一般信息，缺少针对学生学习具体的主题内容所应具备的知识、技能基础以及学习需求的分析。姜小军（2012）认为，“学情分析”包括以下几点：（1）了解学生的基础，包括学生的学习态度、学习兴趣，多数学生的学习习惯及学习方法，先修课程相关知识技能的掌握程度；（2）根据教学的重难点，分析学生学习过程中可能遇到的困难及其原因，以及如何针对这些困难加强对学生学习的指导。要体现“以学生为本”的教育理念，教师不仅要了解学生的实际生活经验和认知水平，还要以此为依据设计学习活动，同时预设学生在有效参与学习过程中可能会遇到的困难，并适时提供学习帮助。与学生认知水平以及生活实际相关的、有意义的学习能够促进其学习态度、学习兴趣、学习信心、学习动机和学习能力的持久变化。

（三）学情分析贯穿在教学的前、中、后过程中

学情分析并不只发生在教学前，而是一个贯穿课前、课中、课后的连续过程。可区分出三个基本的学情分析单位：学习起点、学习状态、学习结果，形成以“学习起点—学习状态—学习结果”为框架的学情分析连续体。陈隆升（2012）提出，学情分析是一个包括课前学习起点分析、课中学习状态分析、课后学习结果分析的连续体，是一个不断更新、循环往复的过程。在这个循环往复的过程中，实现学情分析与教学过程整合，实现教学与评价的有机融合。可以看出，连续体概念下的学情分析把学生在课前、课中和课后的学习都纳入学情分析范畴，使学生的学情需求、学习过程和学习结果紧密相连，突出了学生的主体地位，是教师确定教学目标、教学内容、教学过程和活动以及教学评价的依据，也是教师确定如何合理、充分地利用学生资源的一个重要依据。

要真正体现“以学生为本”的教育理念，教师不能单纯依据教学经验和主观判断进行学情分析，要借用问卷调查、访谈、课堂观察等方式来获取学生的课堂学习参与情况以及学习收获等信息，作为设计教学目标、教学过程以及评价教学效果的依据。此外，教师还要关注学生在学习过程中学习态度、行为、能力等方面的发展。

二、学习目标多维，重能力培养

准确定位学习目标是落实“以学生为本”教育理念的保障。教师在确定学生学习目标时要以学生为主体，体现学生在学习过程中的发展变化，即能够完成哪些学习之前无法达成的任务，并在设计学习活动时以学生的学科知识、技能、情感态度与价值观等多维度发展为目标。

（一）学习目标多维而有重点

教师可以从学生的学科知识、技能、情感态度与价值观等多维度发展的视角来确定课堂教学中学生的学习目标。在一节课有限的时间内，教师需要明确多维目标中的重点目标。当然，一节课的教学并非要牵强地确定三维或者多维目标，为了完成一系列目标而匆忙地实施各个学习活动会导致教学目标无法充分实现。教师要确保在单元学习的过程中，学生的能力有多维度、

综合的提高。同时，多维目标的制定要有明确合理的依据和评价活动，以确保学生的多维度发展。

（二）注重能力培养，融合其他目标

教师在教学中既要注重培养学生相应的学科能力，还要注重培养学生适应社会发展、终身发展所需要的关键能力。2017 年 9 月，中共中央办公厅、国务院办公厅印发《关于深化教育体制机制改革的意见》（以下简称《意见》），要求今后要“在培养基础知识和基本技能的过程中，强化学生关键能力的培养”，并且明确列出了四种关键能力及其子能力。第一种是认知能力，要引导学生具备独立思考、逻辑推理、信息加工、学会学习、语言表达和文字写作的素养，养成终身学习的意识和能力；第二种是合作能力，即引导学生学会自我管理，学会与他人合作，学会过集体生活，学会处理好个人与社会的关系，遵守、履行道德准则和行为规范；第三种是创新能力，要求学生具有好奇心、想象力和创新思维；第四种是职业能力，指学生适应社会需求，能够践行知行合一。为此，在教学过程中教师要鼓励学生提出自己的想法，培养独立思考、逻辑推理能力；积极动手实践，解决实际问题，提升问题解决能力；勇于探索，大胆尝试，创新创造。当然，核心素养包括两大部分，一部分是关键能力，另一部分是必备品格，两者兼备才是具备核心素养，才能实现立德树人的教育目标。教师要注重培养学生具备适应终身发展和社会发展需要的知识、技能、情感、态度与价值观等。

三、学习活动为学生提供多样化的学习体验，促成学生多方面能力发展

学习活动设计的首要原则是为学习目标服务。有时教师会反思：符合教学内容逻辑的活动为什么成了教师的独白活动？精心设计的教学情境和内容为什么没有得到学生的积极回应？其主要原因是活动设计不符合学生的生活经验和认知水平，无法达到充分调动学生积极性的目的。当然，学习活动不仅要符合学生的认知基础，调动学生的学习兴趣和已有的生活经验，还要提供多样的学习体验，促进学生深层次的学习与发展。

（一）提供多样化的学习体验，促进学生深层次的学习与发展

如何让学生最大限度地参与到学习中，并得到最优的发展，是“以学生为本”的教育理念转化为学习实践的重要一环。教师要注重为学生提供多样化的学习体验，促进学生深层次的学习与发展。教师不仅要关注学习形式的多样化，还要关注学习活动层次的多样性，促进学生认知能力和学习能力的发展。就学习形式而言，要体现自主、合作、探究三种学习体验的结合。就学习活动层次而言，要体现学习理解、实践应用和创新迁移三个层次学习活动的融合。教师要有意识地通过多样化的学习体验，培养和发展学生解决问题、合作创新的能力，让学生学会发现、研究和解决问题，学会与人合作，学会寻求帮助和寻找资源，成为具有批判精神和创新精神的学习者。

一些教师对“以学生为本”的教育理念存在认识上的误区，认为“以学生为本”就是要开展各种小组合作活动，课堂气氛要热闹，而忽视了小组合作的有效性。教师要关注学习活动形式和学生学习需求是否匹配，要合理地结合自主、合作、探究三种形式来促进学生多维度的发展。教师在进行教学设计时，要依据学习目标对课堂上预计实施的自主学习活动、小组合作活动、自主探究活动进行更细致的规划，预设学生学习中可能出现的问题，预设解决方法，在活动过程中为学生提供有效的支持和引导。同时，教师要围绕学习目标，设计学习理解、实践应用、创新迁移等一系列体现综合性、关联性和实践性的学习活动，使学生基于已有的知识，依托不同类型的学习活动，在分析问题和解决问题的过程中促进自身学科知识、学科技能和多元思维的发展，促成思维能力和学习能力的融合发展。多元化的学习体验需要教师给学生留有探索发现、归纳总结的时间和机会，为学生的自主学习能力培养打下基础。

（二）给学生一定自主选择的权利

“以学生为本”的课堂的一个主要目标是培养学生的自主学习能力，让学生具备自主规划学习目标和内容、自主选择学习方法、自主完成学习任务的能力。因此，教师不仅要给学生提供多样化的学习体验，让学生参与到多类型的学习活动中，还要注重培养学生通过反思与交流获得有效的学

习策略和方法，为学生的自主学习提供有力的支持。教师还要培养学生对学习的控制感，这样他们能够预测成功的结果，在遇到困难时也会更加努力和坚持。让学生控制自己的学习过程和学习结果，并做出一些选择——学什么，在哪学以及和谁一起学，并通过自主选择的机会控制任务的难度，决定学习的步调。自我监控和自我评估是产生有效的学习自我效能感的关键。

教师要有引导学生控制学习过程的策略，在学习内容、学习过程以及学习评价等领域给予学生选择的机会，如此可以减少学生的焦虑和恐惧，促使他们把更多的精力投入到学习活动中。在给学生选择权时，比较好的做法是让学生进行有限制的选择，虽然有限制，但也给学生留出了按照自己兴趣和能力选择的空间。正如伍尔福克（2015）提出的，平衡必须恰到好处，太多自主会让学生不知所措，而太少自主会让学生感到厌烦。教师在设计学习活动时，可以设计供学生自主选择的两三个不同层次的活动，让学生按照自己的水平自主选择学习活动任务。同时，教师要给予学生一定的指导和激励，让学生有能力去完成学习任务，同时愿意去挑战略高于自己学习水平的任务。总之，给学生自主选择的权利，需要教师根据学生个性化的认知水平和学习需要设计多样化的、多层次的学习任务，让学生进行自主选择，并关注学生自主规划、自主选择和自主评价能力的培养。

四、构建激励和支持学生意义建构的学习环境

在“以学生为本”的教学中，教师不仅要聚焦于如何有效设计教学目标和学习活动，如何获得有效教学的策略，更要关注如何构建激励和支持学生意义建构的学习环境，来满足学生的学习需求。教师可以按照里德利和沃尔瑟综合相关的动机研究而提出的八个方面来构建激励与支持学生意义建构的学习环境：对学生个人兴趣、感受、观点的尊重；积极的归属感和同学间的依赖感；与教师之间积极的人际关系；有意义、富有挑战性的学习任务；对自己的理解能力、学习能力的信心；学习过程的乐趣；大量获得知识的机会；自己的努力和成功得到公认。（里德利 等，2001）

可以看出，为了构建激励和支持学生意义建构的学习环境，教师在课堂

教学中不仅要营造一种相互尊重、相互依赖、和谐的人际关系氛围，还要通过有意义、富有挑战的学习任务，让学生在挑战中获得乐趣。同时，教师要激励学生积极参与学习活动，获得成功的学习体验，使学习努力和成功获得认可，进而提升自信心，激励其产生持续的学习动力和行为。

（一）利用多样激励措施，使学生积极参与学习过程

培养、维持学生的学科学习兴趣是“以学生为本”教学的重要方面。教师要注重培养学生对学科学习的热爱和学习幸福感，把培养学科学习兴趣和动机视为重要的教学目标。设置良好的学习环境是培养学生学习动机的动力之源，教师需要恰当运用多种激励方式，为学生创造良好的学习氛围，特别是基础薄弱的学生，增强他们的内在学习动机。在课堂教学中教师要给学生创造足够的参与机会，注重运用多种激励措施，如参与激励、竞争激励、荣誉激励和榜样激励等方式激励学生积极参与课堂活动，变被动学习为主动学习。

此外，教师可以运用师生协商确定学习目标的方式来激励学生学习。学习目标具有导向和激励的作用。研究表明，增强学习者学习信心的一个有效办法是鼓励他们设定自己的目标并实现这些目标。教师要鼓励学生设定符合实际且略高于已往学业成就水平的具有挑战性的目标。在此过程中，教师可以和学生一起制定学习目标，沟通学习问题和发展需求，给学生自主选择的权利，让他们决定学习重点，以及要突破哪一方面的学习难点。此外，师生可一起沟通确定可行的阶段发展目标及预期分数。教师要协助学生制定详细的实施步骤，在随后的教学过程中引导和帮助他们努力实现目标，给予学生指导与鼓励。小的成功体验的累积有助于学生树立持久的自信和勇气，最终使他们更愿意迎接更加复杂的挑战。

（二）适时提供反馈与帮助，使学生有能力参与学习

教师要避免单纯靠情感沟通赢得学生对教师、对学科学习的喜爱。如果教师没有给予相应的学习策略和方法指导，学生会因付出了时间、精力但是学习实效不明显而产生挫败感。教师可以运用多种方法引导，适时给予学生学习反馈和个性化帮助，指导学生尝试运用有效的学习策略，提升学习实效，从而产生持续学习的意志和行为。教师的帮助还包括：给予学生在倾听教师

对作业内容讲解基础上重做作业的机会；给予学生第二次测试的机会。测试的目的是激励学生掌握学习的内容，评价自己的欠缺，而不是单纯地评价学生的学习成绩。例如，一位教师给予学困生的额外帮助是在检测前给学生时间复习、巩固所学的知识，给学生表现并达成预期目标的机会。教师还可以通过分层作业、分层评价给予学生选择的机会和自我评价的机会。例如，一位教师在进行单元测试时，在测试卷中标注出哪些是基础题，哪些是拔高题，让学生自主选择自己要完成的8—10个题目。这种选择给所有学生提供了展示自我发展、评价自我发展的机会，使学生有信心、有能力参与到学习中，并实现更好的发展。

（三）适时提出挑战，激励学生向更高的目标努力

本项目团队开展的学生访谈结果表明，有趣味的挑战活动能够促成学生改变学习态度和行为。在学习过程中愿意融入自己的真实想法，不愿意机械模仿，是很多学生的真实学习愿望。布鲁纳在《教学论》中指出，发现学习有四点作用，其中一个作用是帮助保持和检索信息。按照个体自己的认知结构组织起来的材料是最有希望在其记忆中“自由出入”的材料。基础薄弱学生学习态度和行为改变的一个关键是学习与自我有了关系，趣味与挑战并存的学习活动能激励学生主动地在已有的知识结构中建构新的学习内容。这样的学习活动使课堂学习有意义、有活力，使学生愿意向更高的目标努力。

五、学习评价以促进和改善学习为目标

要体现“以学生为本”的原则，教师要发挥学生的主体作用，综合运用学生自评、同伴互评、教师评价等形式。

（一）引导学生相互倾听、相互评价

相互倾听、相互评价的意识和习惯是学生真正成为课堂学习主体的重要体现。在“以学生为本”的课堂中，学生之间的互动交流会成为课堂学习的一种重要形式。学生之间的相互倾听、相互评价尤为重要。

教师要发现、利用学生资源，引导学生进行欣赏性评价，在评价他人作品时要寻找亮点，而不是单纯指出错误。教师可以充分利用学生自评、互评以及教师评价的过程，发现学生运用的有效解决问题的思路和方法、有效的

学习策略等，引导学生进行分享、学习，提升学习能力。

教师不但要让学生积极参与评价，还应结合具体案例，和学生一起分析，使学生了解评价目标，学习操作过程，通过评价进一步引导学生反思，逐步提升独立学习的能力，这才是形成性评价的真正意义所在。除了引导学生自主评价，教师还要引导学生对学习过程以及评价过程进行自我反思。

（二）综合运用多种评价方式，适时运用教师评价

鼓励学生参与评价，并不意味着教师评价的缺失，教师更要适时地进行反馈评价，以引导、引领学生的发展方向。例如，课堂中的展示汇报环节需要教师综合运用多种评价方式，除了自主评价、相互评价，教师还要对学生的表现进行合理的反馈评价。评价的语言不能宽泛，类似“非常好!”“同学们，非常棒!”这种模糊的标签式评价语言既不能评价出学生的表现，也不能促进学生改进和提高。教师需要针对学生的具体内容、已有表现给出具体的反馈和评价。此外，课堂中学生的相互倾听不是靠教师的要求来保证，而是靠明确的倾听与评价任务来激励学生愿意倾听、学会评价。如果教师的引导和要求缺失或者不够明确具体，那么学生在倾听其他组汇报时就不知道应该做什么，抓不住倾听的重点。

（三）鼓励学生进行自主评价

教师要在有限的课堂教学时间内培养学生自主评价的意识和能力，给学生提供自我反思与评价的时间和机会，而不是让学生被动地等待教师布置任务，等待教师的评价。学生自主评价能力的培养能够有效地帮助教师解决教学反馈指导时间不够的问题，使学生有效学习并发展自主学习的能力。“以学生为本”的一个主要目标是提升学生的自主评价能力。依据评价功能，评价可分为三种：对学习的评价（assessment of learning）、促进学习的评价（assessment for learning）以及学习性评价（assessment as learning）（Earl，2003）。现在很多教师注重对学生的学习进行评价，目的是促进学习，却往往忽视了在评价过程中让学生通过参与评价，学会自主评价并在评价中学习。课堂输出、展示任务以及课后作业等都是教师评价学生学习效果的重要方式，但这并不是仅有的形式，教师要充分利用学生资源，让学生参与到课后学情分析中。研究表明，当学生在学习过程中参与得越多，并有机会谈论他们学到了哪些、是如何学习的，他们的学习就越有效。在课堂教学中，我们常常看到有些课有很多教学活动，师生互动、生生互动，看似内容很丰富、很紧凑，学生却没有思考和讨论学习困难、问题以及收获的时间与机会，教师很难判断学生的学习实效和学习发展需求；学生课后学习的内容基本是完成教师布置的作业，学习并没有成为课前、课中与课后延续的过程。因此，教师要引导学生自我评价学习收获、问题，要在课尾“留白”，如在教学过程中或者结束前留出5分钟左右的时间让学生自主思考学习收获与问题。（李宝荣，2015）

比如，教师可以按照以下流程引导学生反思。

第一方面，本节课的收获。让学生主动思考——学到了什么？学会了什么？哪些内容和收获对今后的学习有帮助？教师可以依据教学内容引导学生思考以下问题：

1. 这节课学到了哪些内容？

2. 印象深刻的环节和内容是什么？

3. 从老师、同学的语言中捕捉、记录了哪些有价值的语言和信息？

4. 学习策略方面有哪些收获？

教师要指导学生不仅梳理具体的知识、技能方面的收获，还要思考学习态度、情感、价值观和学习策略方面的收获。

第二方面，学习困难。教师要鼓励学生反思学习过程中的困难，课上或者课下及时利用多种资源解决困难和问题，而不是把困难堆积起来，逐渐地“视而不见”。教师可以引导学生重点思考以下三个问题：

1. 本节课的学习中你感到最困难的内容是什么？

2. 完成哪些作业会感到困难？

3. 希望老师或者同学帮助解决的疑惑或问题是什么？

当然，教师也可以把这个提问框架留给学生，作为他们课后自主反思的框架，培养学生自主学习和评价的能力，使学生由被动跟着教师完成学习任务转变为积极参与、评价教学活动，掌控自己的学习过程与学习实效。教师也能够借助学生的反思结果获得关于教与学的更多信息，作为教学反思、明确学生后续学习的重点以及改进教学的依据。

六、教师发挥组织者和管理者、引导者和促进者、示范者和引领者的作用

在“以学生为本”的课堂中突出学生学习主体地位的同时，也要强调教师在课堂教学中的主导作用。教师要适时地指导并引导学生发展，在自主学习活动中给学生提供支架和支持，实现对自主学习活动的有效引导，而不是随意放手让学生自主学习或者表面热闹地开展合作探究。

（一）教师发挥组织者与管理者的作用

在课堂教学中，教师要发挥组织者与管理者的作用，特别是针对基础薄弱的学生，教师的引导作用、资源作用的充分发挥是学生发挥主体作用的保障。张庆宗（2011）提出，学习是指学习者因经验而引起的行为、能力和心理倾向的比较持久的变化。在“以学生为本”的教学中，教师要从学生学习真正发生的视角出发，在设计学习活动时侧重考虑：如何促进学生认知、思维和行为的发展及变化，让学习真正发生？如何促进学生学习行为、能力和心理倾向产生积极、持久的发展变化？如何创造活跃的课堂气氛？有时教师会更关注热闹的课堂、积极的讨论，却忽略了课堂教学目标、内容和效果。“以学生为本”并不是教师完全放手让学生去自主探究和发现，否则活动就会流于表面。“以学生为本”与充分发挥教师的主导作用不是矛盾对立的，而是和谐统一的。坚持“以学生为本”，强调发挥学生的主体作用，对教师如何发挥主导作用提出了更高的要求。教师的主导作用表现为帮助学生明确学习目的、学习要求和内容，对教材进行加工，选择运用恰当的教与学的方法组织实施教学，并管理教学。

（二）教师发挥引导者与促进者的作用

在课堂教学中，教师有和学生互动的机会，有近距离观察学生学习行为

并进行即时指导的机会，因此，课堂教学的一个重要价值在于教师在围绕教学内容和学生互动过程中对学生学习态度、方法、行为以及观念进行引导，促进学生改进学习行为，提升学习实效。因此，教师要注重观察、分析学生在学习态度、策略以及观念等方面的障碍和困难，必要时调整教学环节和活动，对学生进行适时指导和引导。教师在观察学生学习过程时，要分析是否给了学生足够的学习时间和空间，还要敏锐地分析学生学习问题背后的真正原因。当学生的学习问题是粗心或者知识缺乏造成时，教师要分析表象背后是否存在学习方法和策略的欠缺与不足，适时进行指导和引导，促使学生在解决一个学习问题时获得学习方法和策略，而不是单纯地告知学生正确答案。

学生资源是课程资源的重要组成部分，蕴藏在每个学生的生活经历和学习体验之中，也蕴藏在他们丰富的情感和活跃的思维之中。在学生学习问题出现时，适时的策略引导会引发学生的关注，被他们接受并转化到其学习行为中。在学生自主或者合作完成任务时，教师要注意观察学生的学习表现和生成的作品，分析问题的原因，并及时进行反馈、指导，促进学生有针对性地解决问题。

（三）教师发挥示范者与引领者的作用

“以学生为本”并不意味着教师要一味地满足学生的学习需求，教师的主要作用是调查、分析学生的需求，并判断哪些需求合理，符合学生的认知基础和学科学习规律。教师要对学生不合理的学习需求要进行有计划的引导和指导，特别要加强对学生学习自主规划、自我评价的意识和能力的培养，使学生逐渐形成自主学习的能力。

要引领学生的学习需求，教师的一个重要作用是示范，这个作用的发挥至关重要。当学生不知道如何完成学习任务时，教师要为学生搭建台阶，并示范如何完成任务。当学生不知道如何有效利用学习策略、学习方法进行学习时，教师要进行示范。教师不仅要示范如何完成学习任务、如何有效学习，更要示范如何有效沟通、如何有效倾听、如何进行自主评价等。对学生在学习过程中需要发展的多种行为和能力，教师要充分发挥示范作用，而不只是向学生提出要求。这样，在教师的示范、指导与引领下，学生会成为有效的智慧学习者，这是“以学生为本”的一个重要教学目标。

第四节 “以学生为本”的教学设计

一、“以学生为本”的教学设计流程图

教学设计是根据课程标准的要求和教学对象的特点，将教学诸要素有序安排，确定合适的教学方案的设想和计划。传统的教学设计一般包括教学目标、教学重难点、教学方法、教学步骤与时间分配等要素，突出教师的主观意愿和主导作用。

“以学生为本”的教学设计强调基于学生发展规律、特征和个别化需要开展教学设计，突出学生的客观条件和主体作用。教师首先从课程标准的要求入手了解教学的应然目标，再分析学习内容的特征和学生学情的实然条件，通过找出实然目标与应然目标的差距，以及学生学习的重点与难点，指导学生确定学习目标。最后基于对学生学习过程各要素的分析来设计教学流程图，理清教学思路，将其作为教学目标、内容、方式、预期结果、时间分配等要素的设计依据。

“以学生为本”的教学设计从“为什么学”入手，针对“学什么”“如何学”“学得怎么样”等问题设计教学过程各环节，避免传统教学设计过分关注教师“教什么”而忽视了“教什么”的结果，即学生“学会了什么”问题，试图把教师的主观愿望与学生的客观条件结合起来，兼顾发挥教师的主导作用和学生的主体作用。

图 1-4-1 列出了“以学生为本”的教学设计流程图。

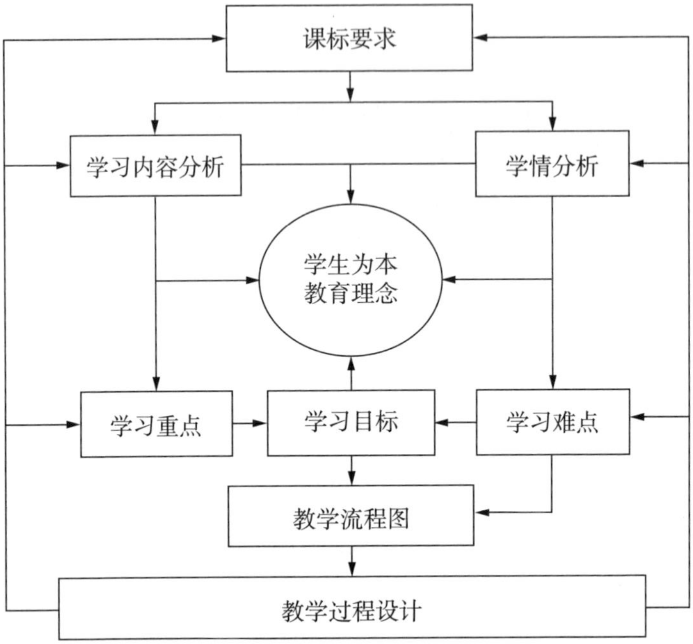

图 1-4-1 “以学生为本”的教学设计流程图

二、“以学生为本”的教学设计方法

（一）理解课程标准要求

课程标准规定了各门课程的性质、目标、内容框架，是对学生在经过一段时间的学习后应该知道什么和能做什么的界定与表述，实际上反映了国家对学生学习结果的期望。课程标准通常包括了几种具有内在关联的标准，主要有内容标准（划定学习领域）和表现标准（规定学生在某领域应达到的水平），不仅是教材编写、教学实施的指南，也是评估和考试命题的依据。

各学科教师可以学段、学年、学期、大单元和单节课为不同时间单位，制订并实施教学规划、教学计划和教学方案，以体现和落实课程标准要求。从单节课教学设计方案来说，一节课不一定也不可能全面体现课程标准的每一项要求，但是教师要理解该节课能重点体现课程标准的哪些核心要旨与特别指向，如何在教学设计中把握和体现课程标准对学生学习的期待结果，该节课在内容和形式方面是如何体现课程标准的要求的，等等。

要使课程标准要求落地课堂，教师需要在教学设计中认真学习领会课标精神，并努力找到课标要求与教学现状之间的结合点。特别是在学生学习基础和学校资源条件方面，教师不仅要实事求是做出判断分析，而且要发挥自己的主动性，因地制宜，创造性地设计教与学的活动，以落实课标的要求。

（二）整体把握学习内容

对教学设计者来说，学习内容分析既有助于对学习内容的理解，又有助于教学设计的决策。没有学习内容分析，设计者对内容的理解便会带有一定的模糊性，决策可能会因此缺乏应有的理性，甚至可能被想当然的经验代替。

学习内容应重点分析以下方面：学习内容的背景来源，所包含的知识点及其体系构成，在学科、单元中体现的独特价值与功能，课型分类等。教师可以遵循以下分析策略：

第一，通读本学科全套教材，分析本节课内容在整套学科教材中的地位，即本节课的学习内容与以前学习过的、今后将要学习的哪些内容有联系。这种联系包括三个层次：本节课内容在整个学科教材体系中的地位和作用；本节课内容在所教学段中的地位和作用；本节课内容在所在知识单元中的地位和作用。

第二，精读本册教材和教学参考用书，分析本节课内容期望达到的广度和深度，确定本节课中的内容与哪些内容要建立宽泛的观念联系，哪些内容需要达到一定的理解深度。

第三，梳理和研究内容目标类型，分析哪一个目标是本节课在有限的时间内需要重点完成的，哪几个是附带完成的。通过这样一个从整体到局部的内容分析，教师最终确定本节课的教学目标，而且清楚地知道自己制订的这些目标背后的知识脉络关系。

（三）全面分析学生学情

学情分析是提高课堂教学的实效性、实现课堂教学“以学生为本”的基础。学生个体差异普遍存在，如何在教学之前更好地了解学生，使教学能从学生的起点出发，满足学生需求，提高教学的质量和效率，是教师在学习内容分析的基础上应该关注的问题。教师可以从以下五个方面进行学情分析。

第一，掌握学生的起点能力。起点能力是指在学习新内容之前原有知识和技能等方面的准备水平，是学生学习新知识和形成新能力的必要条件，它在很大程度上决定了教学的成效。学生的起点能力分析主要包括了解学生的认知基础、接受水平、学习能力及思维规律等，如了解学生已经具备了哪些知识与技能，还没有掌握的知识与技能有哪些，哪些知识是自己通过努力能学会的，哪些知识是需要在教师的点拨和引导下才能学会的，怎样引导更符合学生的认知水平，怎样点拨对学生的帮助最有效。

第二，关注学生的非智力因素，包括学生的学习兴趣、学习态度和学习习惯等。学生的发展和成长是智力因素和非智力因素共同作用的结果，以情感需要为核心的一系列非智力因素，是影响并制约学生学习和发展的内在动力机制。教师应尽可能深入地了解每个学生的精神世界。因此，学情分析必须充分关注学生的心理需求，如了解学生对哪些内容感兴趣，乐于参与什么样的教学活动，哪些教学方法和学习方式能给学生带来新的体验和成就感，等等。

第三，预测学生的可能情况。课堂教学中存在着不确定因素，要求教师在每节课前对学生的可能情况进行预测和分析，对课堂教学中可能出现的生成点深入研究和思考。既要对学生在学习过程中的各种可能进行准确全面的预测，又要精心做好应对有关可能的预案分析，以便在遇到突发情况时能做出合理的处置和有效的引导。

第四，重视学生的实时行为。课堂教学的对象是学生，每个学生都是鲜活的个体，教学中学生的行为不可能完全按照教师的设计意图来表现。因此，真正的学情源自课堂，最有效的学情分析应是对课堂教学的高度关注。教师一方面要通过认真的观察和倾听，及时了解学生的所思、所为，并以此为依据合理地调控教学进程；另一方面要密切关注学生的学习状态，准确了解学生的体会和感受，并从有利于学生全面发展的实际需要出发，有效开发和利用课堂教学中的生成性资源，修订、充实和完善教学方案，增强教学的针对性。

第五，反思学生的发展状况。通过课堂教学中与学生的对话和互动，教师对学生认知水平和学习能力的了解会更加准确，对学生行为习惯和学习风格的认识会有更多新的感受与思考，将这些了解与认识、感受与思考及时进行总结、分析和记录，不仅能为今后的教学提供参考和借鉴，而且有利于及时弥补教学中的不足，尽可能减少失误造成的不良影响，同时也对确定学生再学习的起点具有至关重要的作用。

（四）清晰阐述学习目标

学习目标是预期的学生学习成果指标，它是教学的出发点，也是教学的最终归宿。它与课程目标和教学目标密切相关，但也有区别。

新课程明确提出要实现三维目标：知识与技能、过程与方法、情感态度与价值观，构建起课堂教学比较完整的目标体系。三维目标从以知识本位、学科本位转向以学生的发展为本，对知识、能力、态度进行了有机整合，体现了对学生在学习中的主体地位的高度重视和充分肯定。新课程提出的三维目标，是教学目标分析与确定的指导思想，而不是教学目标和学习目标的陈述形式。

教学目标是教师在教学过程中所预设的学生变化结果，对学习目标、教学过程、教学方法、教学技术、教学媒体选择和运用，以及学习结果测评发挥着导向作用。但教学目标只是教师的主观愿望和设计，通常与学生学习目标或结果之间还存在着差距。

学习目标体现的是学生要实现的具体学习结果，是教学目标的具体化指标，体现出学习过程中学生能做什么，通常用 ABCD 格式陈述。

A（audience），意指“学习者”。目标描述的应是学生的行为，而不是教师行为。规范的学习行为目标应是“学生应该……”或“我能……”，而不是“教给学生……”或“教师将说明……”。

B（behavior），意指“行为”。学习目标要说明通过学习后，学习者能够做什么，并用行为动词描述学生形成的可观察、可测量的具体行为，如辨别、描述、背诵……

C（conditions），意指“条件”。学习目标要说明上述行为是在什么条件下产生的。对条件的表述有四种类型：一是是否允许使用手册与辅助手段，如“可以或不可以带计算器”；二是提供信息或提示，如“给出一张中国行政区划图，能标出……”；三是时间的限制，如“在 10 分钟内，能做完……”；四是完成行为的情境，如“在课堂讨论时，能叙述……要点”。

D（degree），意指“程度”。指学生对目标所达到的最低表现水准，用以评价学习表现或学习结果所达到的程度。如“至少写出三种解题方案”“百分之九十都对”“完整无误”等。

需要注意的是，用 ABCD 格式描述学习目标只强调行为结果而未注意学习者内在的心理过程，因而可能会引导人们只注意学习者外在的行为变化而忽视其内在的能力和情感变化。因此，我们还需运用内外结合的方式表述学习目标的编写方法，即“总体目标—具体行为”的方法。我们可以把课堂教学目标分为两个水平：一是总体目标，侧重描述学生内部的心理发展，用记忆、理解、应用、分析、创造、欣赏等抽象语言来表述学习结果，反映教师总的教学意图。二是具体行为，侧重描述学生达到目标时的具体行为，是总体目标的具体化，是达到总体目标时具有代表性的行为例子，也是我们评价总体目标是否实现的依据。

通常，学习目标需要在教师指导下由学生领会和建构。学生可以用个人学习目标、小组学习目标和全班集体学习目标等方式设定学习目标，也可以按不同时长的学习活动或任务来表述学习目标，并将其作为学习活动的导向。

(五)准确识别学习重难点

学习重点,顾名思义，就是“学习内容中的重要部分”，是学生在学习中必须掌握的知识点，是要下气力去学的部分。如果学不好，就会影响本节课，甚至以后相关内容的学习目标的实现。因此，学习重点是客观的，针对每一个学生来说都是关键内容。

一般来说，教师可根据教材的知识结构，从知识点中梳理出学习重点。理解知识点，首先是要理解这部分内容的知识结构和这部分内容与其他内容间的逻辑关系，再把该部分内容放到教材的整体知识结构中去理解。其次是理解整个单元的知识点，特别是要详细地知道每节课的知识点，在教学中做到不遗漏、不随意添加。如果知识点是某单元或某内容的核心，是后继学习的基石或有广泛应用，那么它就是学习重点。学习重点一般由教材内容决定，对每个学生是一致的。一节课的知识点可能有多个，但重点一般只有一两个。

学习难点，顾名思义，就是学生学习中“难学的部分”，或者说是学生学不会或学不好就难以完成学习目标，甚至影响本节课和今后学习质量的那些内容。

教师要根据学生的认知水平，从重点中确定难点。学习难点与学生的学科认知结构有关，是基于学生原有学科认知结构与新学习内容之间的矛盾而产生的。把新知识纳入原有的认知结构，从而扩大原有认知结构的过程是同化。如果新知识不能融入原有的认知结构，就要改造原有的认知结构，使新知识能适应这种结构，这一过程是顺应。从学生的认知水平来分析，通过同化掌握的知识点是学习重点，通过顺应掌握的知识点既是重点又是难点。学习难点对不同的学生可能存在差异。对有些学生来说则可能是难点，但对另一部分学生来说则可能不是。

由于重点与难点形成的依据不同，教师在教学中还需要在分析学习内容与学生学情的基础上，区分好教学重点和难点。

找准知识的生长点是突出重点、突破难点的条件。教师可依据以下三点找准知识的生长点：第一，有的新知识与某些旧知识属于同类或相似知识，要突出共同点。第二，有的新知识由两个或两个以上旧知识组合而成，要突出连接点。第三，有的新知识由某个旧知识发展而来，要突出“演变点”。

（六）创造性编制教学流程图

教学流程图就是用特殊约定的符号或图形将教学设计中的各个教学环节按一定的顺序结构表示出来，体现学与教的各核心要素之间的逻辑关系和结构组合的图示。从上面的定义可以知道，教学流程图就是用最简洁的方式，将文字转化为符号或图形，结合实际的教学情境，按照教学的先后顺序呈现系统化的教学过程。因此，教学流程图是浓缩了的教学过程，它具有层次清楚、简明扼要的特点，它可以直观地显示课堂活动中各个环节之间的联系，呈现教学过程中的重难点，反映教师教学过程设计中的逻辑性、层次性和专业性。

教学流程图是课堂教学过程的基本框架，决定了整个课堂的结构与发展走向。从时间层面来看，教学流程图应该按照课的进程从开始到结束的时间顺序呈现；从内容层面来看，学习是一个循序渐进的过程，教学流程图呈现的应该是内容由易到难、由简到繁的顺序排列。教学是教师和学生进行交流的双边活动，因而在流程图的设计上自然不能脱离这两个主体，否则教学过程就会显得静态和呆板。学生在学习过程中要完成一定的学习任务，教师在对学生任务的完成情况进行评价的基础上，将信息反馈给学生并调整自己的教学，这样才能保证每名学生都能在自己的能力范围之内进行学习。

此外，在设计课时教学流程图之前，还要考虑单元学习内容、教材的特点、学习者的特征、学习目标、学习重难点、活动组织、学习资源等教学要素。

（七）教学过程设计

众所周知，传统的教学设计通常包含下列内容与步骤：（1）确定教学目标；（2）分析学习者的特征；（3）根据教学目标确定教学内容和教学顺序；（4）根据教学内容和学习者特征分析确定教学的起点；（5）制定教学策略；（6）根据教学目标和教学内容的要求选择与设计教学媒体；（7）进行教学评价，并根据评价所得到的反馈信息对上述教学设计中的某一个或某几个环节做出修改或调整。传统教学设计有许多优点，但也存在一个较大的弊端：以教师为中心，学生的学没有得到足够的重视，教学设计理论往往围绕如何教而展开，很少涉及学生如何学的问题。按这样的理论设计的课堂教学，学生参与教学活动的机会少，大部分时间处于被动接受状态，学生的主动性、积极性很难得到发挥。

自 20 世纪 80 年代以来，依据现代心理学的发现以及对学与教关系的深入认识，教学设计界提出了一些新的教学环节说（盛群力 等，2004，本书整理如下）（见表 1-4-1）。

表 1-4-1　不同观点下的课堂教学环节设计步骤

人物	观点
亨特（1983）	①目标；②定向；③呈现；④示范；⑤导练；⑥检查；⑦自练。
罗米索斯基（1984）	①引起注意与激发动机；②说明教学具体目标；③回忆与补救相关旧知能；④展开教学活动；⑤展开学习活动；⑥反馈活动；⑦学习迁移；⑧课的评价（必要时）；⑨总结与加深学习。
加涅（1985）	①引起注意；②告知目标；③回忆相关旧知能；④呈现新内容；⑤提供学习指导；⑥引发行为表现；⑦提供信息反馈；⑧评估行为表现；⑨强化保持与迁移。

续表

人物	观点
巴特勒（1985）	①动机；②组织；③应用；④评价；⑤重复；⑥概括。
盛群力（1993）	①指引注意，明确意向；②刺激回忆，合理提取；③优化呈现，指导编码；④尝试练习，体验结果；⑤评价反馈，调整补救；⑥强化保持，迁移扩展。
皮连生（1994）	①引起注意与告知教学目标；②提示回忆原有有关知识；③呈现经过组织的新信息；④阐明新旧知识的各种关系，促进理解；⑤指导学生复习并提供学习与记忆方法指导，或引出学生的反应，提供反馈与纠正；⑥提供知识提取的线索或提供技能应用的情境。
乔纳森（1999）	①示范；②指导；③支架作用。
梅里尔（2002）	①面向完整任务；②激活旧知；③示证新知；④尝试应用；⑤融会贯通。
波曼（2009）	①联系；②概念；③实用联系；④总结。

以上关于教学环节的设计步骤，仁者见仁，智者见智，都是基于各自理论对课堂教学设计的不同理解与对策。教无定法，贵在得法。“以学生为本”的教学设计没有固定模式，但是教师要遵循以下五个重要理念设计教与学的过程步骤。

第一，要在学习过程中充分发挥学生的主动性，体现出学生的首创精神。

第二，要让学生有多种机会在不同的情境下应用他们所学的知识，将知识“外化”。

第三，要让学生能根据自身行动的反馈信息来形成对客观事物的认识和解决实际问题的方案，实现自我反馈。

第四，要使教师的教辅助学生的学，体现为理解而教，而非简单的传递。

第五，要认识到教学设计是一个系统，涉及多个子系统设计，其中包括教学目标设计、教学情境设计、信息资源设计、自主学习设计、协作学习环境设计、学习效果评价设计、强化练习设计等。

总之，如果教师秉承“以学生为本”的教育理念，在教学设计上多下功夫，那么学生在学习上就会更加顺利；相反，如果教师忽视教学设计，或者丢掉了学生去设计教学，那么，学生的学习就会更加困难。

（八）教学板书设计

教学板书是教师利用黑板（广义上包括电教媒介），运用文字、符号、线条、表格、图形辅助教学的一种基本的教学手段，有教育性、科学性、艺术性、实用性等基本特性。

板书是服务课堂教学的工具。教懂学生、教会学生，使学生学会、会学，是教学的目的。板书设计是整个课堂教学的有机组成部分，任何一则好的板书都是为一定的教学目的服务的。

板书设计的方法包括：摘录提纲法（摘录教材富有标志性的中心句、段中主句或关键词句）、概括归纳法（用简洁的语言提炼教材内容、归纳教材中的知识）、图形示意法（用符号、线条、图形，配以简要文字示意教材内容，变抽象为具体、变深奥为浅显）、板画赋形法（用简笔画、黑板画形象直观地表达内容）、表格解释法、排列组合法（对教材中不同课文或内容的分类排列、综合叠加）。

“以学生为本”的教学板书要求教师明确为什么需要板书辅助教学，板书为谁服务，怎样使板书帮助学生学习。

教学板书有利于学生认识理解、记忆再现、感受体验、掌握迁移，有利于学生识字、解词、释句、析段、求旨、探法，有利于学生听、说、读、写、算、思。教学板书是课堂教学的重要手段，能体现教学意图，落实教学计划，是个灵活的“显器”，能巧妙地显示课文内容，给学生指点迷津；它对学生学习的知识进行编码、组合，提纲挈领、精要管用，是个“整流器”，打通学生的思维，便于学生记忆；它揭示课文学习的思路、重难点，培养学生能力，是个“起动器”，爆发学生智慧的火花；它节省教学时间，提高教学效率，是个“指示器”，指引学生在知识的海洋里破浪前行；它具有朴实、美观的布局，是个“吸引器”，吸引学生的注意力，激发学生学习的兴趣，给学生以美的享受。（彭小明，2007）

第二章
“以学生为本”的教学设计：初中语文

案例 1

八年级语文新授课《背影》

专家箴言

能真正将“以学生为本”的基本理念渗透、贯穿、落实到语文课堂教学的实践中，必然有助于真正实现学生的有效学习、高效学习，真正促进学生的自主发展、终身发展。

教学设计

一、课标要求分析

《义务教育语文课程标准（2011年版）》（简称《语文课标》）强调：“学生是学习的主体。语文课程必须根据学生身心发展和语文学习的特点，爱护学生的好奇心、求知欲，鼓励自主阅读、自由表达，充分激发他们的问题意识和进取精神，关注个体差异和不同的学习需求，积极倡导自主、合作、探究的学习方式。”这就要求教师在教学中逐步改变，从“以教师为中心”转变为“以学生为本”，提倡自主、合作与探究的学习方式，促进创新意识和实践能力的发展。《语文课标》要求学生在课文学习中，要在通读课文的基础上，理解、分析课文的主要内容，体味和推敲重要词句在语言环境中的意义和作用。对作品中感人的情境和形象，能说出自己的体验，品味作品中富于表现力的语言。欣赏文学作品，有自己的情感体验，初步领悟作品的内涵，从中获得对自然、社会、人生的有益启示。

根据《语文课标》中“对作品中感人的情境和形象，能说出自己的体验；品味作品中富于表现力的语言”的要求，本节课我们主要想通过探究、交流的形式，让学生从本文朴素的语言中学习文中细节描写的方法，感悟父子之间浓浓的深情，从而触动学生心灵，体察身边的亲情。综上所述，立足文本，既能体现语言文字运用的综合性、实践性、工具性、人文性，又能在情感态度与价值观上对学生有所熏陶，是这篇课文教学的价值所在。

二、学习内容分析

本单元都是叙事性作品，描写的对象都是普通人。通过描写普通人的日常琐事，表现“爱”的主题，诉说人与人之间的同情和关爱。学生可以从阅读中感悟到“爱”这种博大的感情，从而陶冶美德情操。《背影》选自《朱自清散文全集》，是朱自清早期散文代表作，作为一篇叙事性散文入选语文八年级上册（人教版旧版教材）。作者选取“背影”这个独特的视角，用朴素真挚的语言、细腻传神的细节和白描手法，客观真实地再现了父亲浦口送别的情境，把父亲对儿子的关爱之情展现得淋漓尽致。重点描写了父亲为“我”买橘子的场景，让“背影”定格，成为永恒的经典。教材选择这篇经典散文作为教学文本符合《语文课标》第四学段的目标。

三、学生情况分析

所教班级的大部分学生是外来务工子女，因平日父母忙于生计，家长和学生的交流甚少，因而学生对亲情的渴望非常强烈。但谈及父亲，除了严厉和陌生外，学生几乎没有其他印象。学生缺乏和父亲相应的情感体验，因此要与作品产生共鸣，进而学会把握和领悟人性美，最终学以致用，“以我笔写我心”来刻画有血有肉、亲情洋溢的父亲形象，这是有难度的。因而我们觉得给这些缺少父爱的学生们上一堂他们最该补的“父爱”课很有必要。所以，情感态度与价值观的教育是本课的重中之重，并且不能停留于课堂，而应走入家庭、走向社会。

四、学习目标

（1）分析“三次泪中的背影”是怎样的背影，生发了何种情感。

（2）分析并评价“第二次流泪”。通过朗读“父亲爬月台、买橘子”片段，分析“蹒跚、探、攀、缩、倾”等字词，体会父子间的深情。

（3）能够联系自己的生活经历，分享品读《背影》后的真情体验。

五、学习重点

这篇文章主要围绕特定环境中“背影”的描写，来表现父亲的爱子之心和作者的念父之情，因此分析“三次泪中的背影”是怎样的背影，生发了何种情感是本节课的学习重点。学生以语言品味为主，采用“自主、合作、探究”的学习方法。根据对关键语句的提问，学生自主合作共同研究作答，解决本文重点，以“情”为切入点，在情境体验中体味出文章所蕴含的父子情深，以此来完成本课教学。

六、学习难点

依据所教班级学生的学情，学生对一些抽象的词语理解得不够深刻，不能透过这些抽象的词语理解关键词语和句子的含义，因此引导学生分析“第二次流泪”中“蹒跚、探、攀、缩、倾”等字词，从而体会父子真情，形成情感共鸣，愿意用自己的文字表达深情是本节课的难点。学生可以通过动作演示这些动词，亲身感知，同时借助多媒体演示，更好地理解这些动词的运用，更深刻地感受父子之情。

七、学习流程

（一）学习流程图

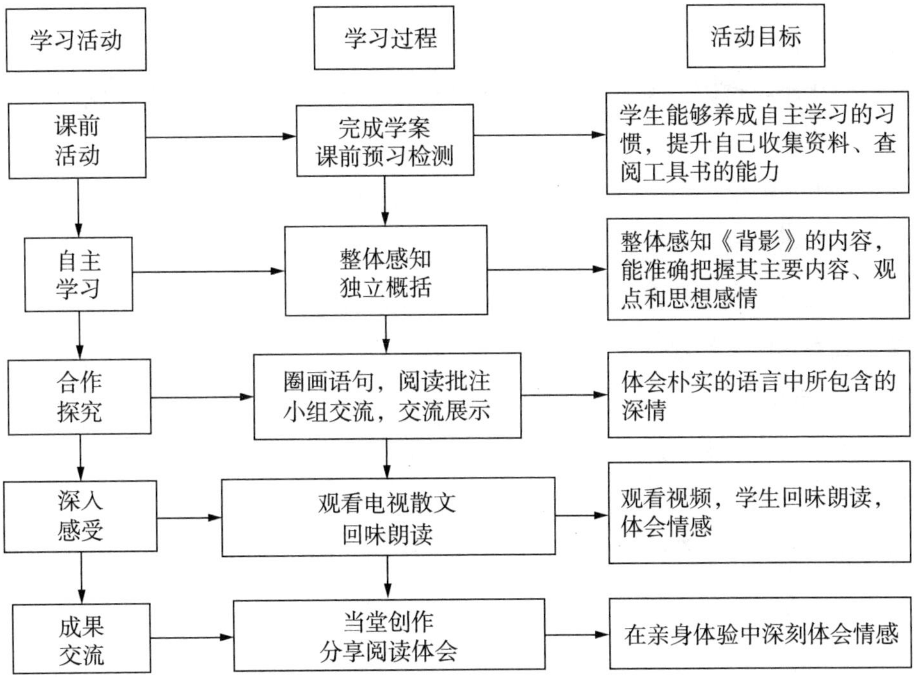

图 2-1-1　学习流程图

（二）学习流程解读

环节一　课前活动

教师提前发放课前学习资料，学生课前学习，课前五分钟教师在 PPT 上出示答案，学生根据给出的答案评分，之后订正。

上课开始，组长汇报小组预习情况，学习委员统计总结。

环节二　自主学习

本课重点研读第六段，朗读“望父买橘”片段，用批注的方式写下阅读感受，并用“这是一个________的背影，因为________”说说自己的感受。

（自主研读批注—小组交流完善—组内尝试展示—全班展示）

环节三　合作探究

（1）教师提问：“作者为了刻画这个背影使用了哪些人物描写的方法？”

学生思考后回答（外貌描写、动作描写等）。

（2）读一读动作描写的句子，并且画出动词，用动作把这三个词演示出来。

（3）把三个动词分别换成“抓”“蹬”“微侧”，体会一下哪种表达效果好并且说出原因。

学生小组讨论，探究问题。教师以积分卡的形式奖励本环节完成情况良好的学生。

（圈画语句—阅读批注—小组交流—交流展示）

环节四　深入感受

播放电视散文片段，学生通过观看电视散文片段直观感受父亲的背影。学生观看后回味朗读。

（观看电视散文—回味朗读）

环节五　成果交流

教师展示下水文，学生根据自己的课前观察，运用本节课所学的人物描写方法当堂写一个片段。完成之后开展“大使巡游”的活动，相互交流，相互评价，选出优秀作品当堂展示。

（当堂创作—“大使巡游”相互交流—相互评价—当堂展示）

课后作业：

写出你读《背影》后的感想与思考。

八、板书设计

背　影

朱自清

惦记背影（思念父亲）

描写背影（望父买橘）

惜别背影（父子分手）

再现背影（别后怀念）

图 2-1-2　板书设计图

教学反思

生本视界下的《背影》教学设计及反思

一、课题的基本理念

《语文课标》强调：“学生是学习的主体。语文课程必须根据学生身心发展和语文学习的特点，爱护学生的好奇心、求知欲，鼓励自主阅读、自由表达，充分激发他们的问题意识和进取精神，……倡导自主、合作、探究的学习方式。”这要求教师在教学中逐步改变，从“以教师为中心”转变为“以生为本”，提倡自主、合作与探索的学习方式，促进创新意识和实践能力的发展。

二、教学设计初想

之前我教授《背影》这节课，通常都设计为两课时。第一课时先领着学生整体感知课文，第二课时再精讲重点段落，体会作者情感。课后发现学生虽然学完了课文，但对课文感知不深，基础知识不扎实，依旧不能学以致用，整体学习效果不佳。于是，我反思了自己的教学过程，深入思考，反复备课，精心设计，重新打磨了这篇课文的教学设计。

三、教学片段聚焦及反思

这节课我设计了三处“以学生为本”教学法的环节。

【教学片段一——同伴学习，为理解而教】

我提前下发了《背影》这篇课文的预习学案，让学生在课前完成学案内容，并要求小组长在课前汇总互助小组的完成情况，做好记录。

上课伊始，首先由各小组组长依次起立汇报互助小组的预习情况，包含预习情况良好和预习情况不太好的学生名单。靠近侧墙展板的学生作为记分员随即计算，对预习情况好的学生每人分别加 2 分，对预习情况不太好的学生每人分别减 2 分，最后得出总分，然后除以小组人数即是小组平均分。最后由记分员汇报总体预习情况，表扬预习情况良好的小组，批评预习情况不太好的小组，提醒个别小组还需要在课下抓好预习环节。

【教学反思】

这个环节的学习其实是在课下完成的，课堂上展示了学生的预习成果。我认为这个环节正体现了“以生为本，协同学习”的理念。“以生为本，协同学习”不应当只局限于课堂，课下也可以无限延伸，以此来扩大课堂的学习容量。而且为了避免组内互相包庇作假等现象的发生，我特意安排下一组的组长检查上一组的成员。这样一来，组与组之间相互联系，形成了循环竞争机制。有了学习同伴，学生之间相互鼓励，相互启发，学习兴趣更浓，效果更佳，真正践行了以学定教，为理解而教的理念。之前的教学我一直使用这种预习方法，感觉运用上比较成熟，操作简单，实用、高效。这个环节也是我最满意的。

但是，做好这点也需要教师在备课上下功夫，教师应该反复思考与研究预习的内容。一是要在预习内容上凸显分层作业，既有给学困生的基础题，又要给学优生以提升能力的空间。二是要为下堂课的学习内容做好准备，比如下堂课要进行的一个环节是写作训练，所以我有意在预习中让学生“回家仔细观察父母为他们做事情时的细微动作”。

【教学片段二——情境体验，变被动为主动】

在精读《背影》第六段时，我首先让学生整体感知这是一个什么样的背影，学生说出了自己的感受，比如“这是一个艰难的背影”“这是一个蹒跚的背影”“这是一个让人流泪的背影”，等等。然后我紧接着抛出问题：“作者为了刻画这个背影，使用了哪些人物描写方法?”“动作描写、肖像描写、语言描写。”学生回答道。我让学生读一读动作描写的句子，并且画出动词。学生一下就找到了“他用两手攀着上面，两脚再向上缩；他肥胖的身子向左微倾，显出努力的样子”，并且找到了三个动词：“攀”“缩”“倾”。我让学生用动作把这三个词演示出来，学生表演得非常形象。接着，我提出把这三个动词分别换成“抓”“蹬”“微侧”，让学生体会哪种表达效果好并且说出原因。学生思考了较长时间，没有给出答案，于是，我让他们以小组为单位协同研究这个问题。学生展开了激烈的讨论，纷纷发表自己的意见。之后每个组都阐述了自己的意见，最后全班选出分析得最有道理的小组。

【教学反思】

瑞士心理学家皮亚杰的建构主义强调学习者的主动性，认为学习是学习者基于原有的知识经验生成意义、建构理解的过程，这一理论对教学设计具有重要的指导价值。我在这一理论的指引下，运用情境体验法，有目的地创设了一种具体的场景，以引起学生一定的态度体验，从而帮助学生理解教材。让学生体会哪组动词表达效果好有一定的难度，我在课前预料学生可能回答不充分，于是安排小组合作研究学习。协同学习的前提必须是有问可研、有理可争。如果问题太简单，学生一下就能回答上来，讨论就毫无意义、流于形式，所以提问应有一定的深度。

在这一环节，学生展开了激烈的讨论，有用肢体动作比画的，有查词典释义的，他们在互相争论中找出最合理的解释。学生在深入研究中不仅明白了词语的深度含义，最可贵的是通过这些动词体会到了父亲为作者买橘子的不易，从而自然而然地领悟到了父亲种种行为都出于对儿子的爱。

最后，学生在总结这一课时说道：“我在今后的人物写作中，会字斟句酌，因为字词的精准使用能够传神地刻画人物形象。”这样学习写作方法，比教师自己侃侃而谈要好。学生通过自学体验，形成了自己的认知，印象更为深刻。

【教学片段三——闪光点评价，让精彩此起彼伏】

在课前预习中，我安排学生回家仔细观察父母为自己做事时的细微动作，在研读完课文第六段后，我先给学生展示了一篇我的下水文，接着趁热打铁，让学生根据自己的观察当堂写一个片段。因为刚学习完这一段中的人物描写方法，学生体会很深刻，马上动起笔来。写完之后，我要求学生以小组为单位分享各自的感动，小组评选出一篇最感动自己的佳作并进行再次修改，然后由一名组员作为代表说一说感动自己的原因。接着，我设计了“大使巡游”环节，让小组之间交流，为其他每个小组留下关键的一句话。学生在这一环节相当兴奋，争着要看同学的作品。

一名学生写道：“父亲踩在板凳上，在高于他半个身子的储物柜里翻找我的作业本，凳子被踩得吱吱响，仿佛随时都可能断裂。他时不时踮起脚尖，想把半个身子都伸进去，柜子里很黑、很脏，他摸索着。不一会儿，他布满灰尘的脸向我笑了，露出白白的牙，说：‘找到了！’他的衣服已经脏得不成样子，手上也糊了一层厚厚的灰……”

佳作源源不断，精彩此起彼伏。

【教学反思】

在此之前，我尝试过小组合作互评作文的方式，这种以学生为主体的作文评改方法充分发挥了学生集体合作的优势。让学生在平等、融洽、自由的气氛中讨论、修改、评价同龄人的习作，有利于学生取长补短，促进相互了解和合作，共同提高写作水平。这种由教师组织、指导，学生既写作又参与批改的“双向实践”活动，是对“以生为本，协同学习”基本理念的大胆尝试，促使每个学生都参与到互评互改的实践活动中来，激发学生对作文批改的兴趣。在小组合作评改作文中，每个学生都可以把自己作文中的闪光点读给其他同学听，向大家分享成功的喜悦，也可以提出疑问，听取大家的意见，寻找最佳的方案。学生在主动积极的思维和情感活动中探索，积极体验，相互交流，相互评价，相互影响，相互赏识，从而启迪了思维，真正实现了共识、共享、共进。这种以小组为单位批改作文的方法，不仅减轻了教师的负担，全面培养了学生的听、说、读、写能力，而且在民主的氛围中培养了学生自信、自强、自主的品质，可起到一举多得、互动双赢的作用。

四、小结

“以生为本，协同学习”是在新课程理念下一种重要的学生学习方式。有效的协同学习能够唤醒学生的潜能，激活学生的记忆，开启学生的心智。教师在新的课程环境下，积极营造适合学生协同学习的氛围，充分发挥教师的主导作用，时刻把握以学生发展为本这根主线，使课堂教学焕发出新的活力。

专家点评

本设计遵循《语文课标》的相关要求，秉持“以学生为本”的基本理念，从文本和学情出发。教学目标的制定明确、具体、针对性强，所确定的重难点及预计采取的突出重点、突破难点的措施得当，教学思路、教学过程清晰。本设计将语文课程的工具性（如注重对关键词语和句子的学习）与人文性（如让学生体察、感悟亲情和人性之美）有机地结合起来，将阅读教学与写作教学有机地结合起来，将教师的指导、引领作用与学生的自主、协同学习有机地结合起来。

第三章

“以学生为本”的教学设计：初中数学

案例 2

七年级数学活动进阶课“二元一次方程图像”

专家箴言

数学活动的主要目的是，从复杂的现象中分离出“规律”，这需要从大量的例子中去捕捉、去抽象。只有通过考察足够的案例，学生才能形成对“规律”的关键特征的把握。

教学设计

一、课标要求分析

本节课从学生实际出发创设有助于学生学习的问题情境，引导学生通过实践、思考、探索、交流等方式，获得数学的基础知识、基本技能、基本思想、基本活动经验，促使学生主动地、富有个性地学习，不断提高发现问题和提出问题的能力、分析问题和解决问题的能力。模型思想的建立是学生体会和理解数学与外部世界联系的基本途径。本节课建立和求解模型的过程包括：用数形结合的思想探究二元一次方程的图像，求出结果并讨论结果意义。本节课有助于学生初步形成模型思想，提高学习数学的兴趣和应用意识。

基于《义务教育数学课程标准（2011 年版）》（简称《数学课标》）中对一次方程的教学目标要求，本节课重点落实以下几个目标：

（1）学会独立思考，重在体会数形结合的基本思想和梳理单元体系的数学思维方式。

（2）综合运用数学知识解决简单的实际问题，增强应用意识，提高实践能力；学会与他人合作交流，初步形成评价与反思的意识。

（3）积极参与数学活动，对数学有好奇心和求知欲。

二、学习内容分析

本节课是人教版七年级下册《数学》第八章“二元一次方程组”的一节活动进阶课。内容是平面直角坐标系、实数、二元一次方程组三章内容的结合。按照教材顺序，这是初二年级一次函数图像的相关教学内容。考虑到初一学习了二元一次方程及方程组的相关概念和解法，平面直角坐标系可以作为数形结合研究工具，因此本节课初步让学生通过几何图形视角认识代数问题，用几何观点看代数研究对象。另外，函数是刻画和研究现实世界变化规律的模型，是中学数学的重点学习内容，一次函数更是中学函数学习的开端，因此学习数形结合思想、从特殊到一般的研究方法可以为今后深入学习一次函数等问题打下基础。综合以上思考我设计了这节“以学生为本”的活动进阶课。

三、学生情况分析

七年级的学生对平面直角坐标系、实数、二元一次方程组有一定的基础知识储备，已学过的实数、二元一次方程组知识与平面直角坐标系中的描点、画直线的直观经验对本节课的学习有着积极的促进作用。一次函数是学生正式从常量世界进入变量世界的开端。初二的学生刚接触函数时可能会出现思维上的障碍，所以我在进行教学设计时就在初一让学生利用平面直角坐标系以点的坐标的形式表示方程或方程组的解，研究二元一次方程和二元一次方程组的图像，以帮助学生为初二解决思维障碍做铺垫，提前借助几何直观渗透函数意识。

四、学习目标

（1）在平面直角坐标系中，认识二元一次方程的几何意义，能画出二元一次方程的图像，初步体会数形结合思想。

（2）在平面直角坐标系中，从图形角度认识二元一次方程组的解的意义，用图像法得出二元一次方程组的解，初步尝试提出数学问题、解决数学问题。

（3）经历二元一次方程的图像的形成过程，获得用几何观点看二元一次方程的经验，感受数与形的对应，激发好奇心、求知欲以及主动探究数学问题的意识。

（4）学会独立思考，重在体会数形结合的基本思想和梳理单元体系的数学思维方式；经历对知识从特殊到一般的认知过程。

（5）学会与他人合作交流；初步形成评价与反思的意识；积极参与数学活动，对数学充满好奇心和求知欲。

五、学习重点

【重点】初步形成数形结合思想，感受二元一次方程的图像是一条直线。

【分析】七年级的学生有很强的好奇心、求知欲、展示欲，愿意主动探索未知。通过设计符合他们已有的关于平面直角坐标系、实数、二元一次方程组认知基础的任务，充分调动学生的兴趣和已有经验，鼓励学生在探究过程中提出自己的想法，经历二元一次方程的图像的形成过程，获得用几何观点看二元一次方程的经验，帮助学生形成解决问题的能力，从而突出重点。

六、学习难点

【难点】数形结合，获得用几何观点看二元一次方程的经验，渗透函数意识。

【分析】通过提供多样化的学习情境和经验，促进学生多层次、深层次的学习——获得用几何观点看二元一次方程的经验。多样式的激励促使学生积极参与学习过程，教师和同伴适时的帮助和学习任务中更高的挑战，使学生有能力参与学习并向更高的目标努力，从而突破难点。

七、学习流程

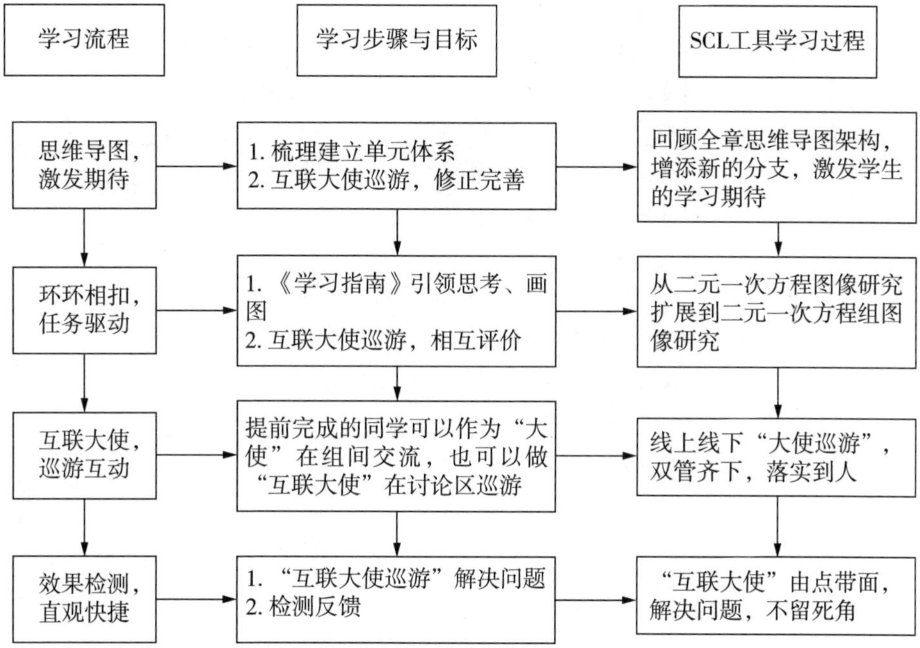

图 3-1-1 学习流程图

八、教学过程

表 3-1-1 学习过程

教学步骤	SCL 工具	教学过程	学习目的
思维导图，激发期待	头脑风暴 线上互联大使	1. 借助平板电脑课前给学生发布制作“二元一次方程组”全章思维导图的任务。 2. 学生完成自己的二元一次方程组全章思维导图，再作为“互联大使”在讨论区交流点评，送花点赞评选出最佳思维导图。 3. 推选学生优秀作品。 4. 教师点评、发奖。 5. “互联大使”推选出的获奖者展示思维导图。	学生自主将头脑中的知识梳理汇总并借助平板电脑呈现出来，丰富原有认知结构，激发学习期待。

续表

<table>
<tr><th>教学步骤</th><th>SCL 工具</th><th>教学过程</th><th>学习目的</th></tr>
<tr><td>环环相扣，任务驱动</td><td>学习指南

大使巡游</td><td>任务 1：
①观察，总结你画出的二元一次方程 $x-y=1$ 的图像以及你选择的自己喜欢的二元一次方程图像是__________。
②这个结论是怎么得到的？
③探究过程中有没有待解决的问题？
任务 2：
①通过任务 1 的学习，你觉得怎样画二元一次方程 $2x+y=5$ 的图像最简单？
②画二元一次方程 $2x+y=5$ 的图像。
③观察，总结你画出的二元一次方程 $2x+y=5$ 的图像是__________。
任务 3：
①通过任务 1、任务 2 的学习，你觉得应该怎样画二元一次方程组
$\begin{cases}x-y=1\\2x+y=5\end{cases}$
的图像呢？
②不解这个方程组，只观察图像你可以得到方程组的解吗？
③这个结论是怎么得到的？
④探究过程中有没有待解决的问题？</td><td>1. 学生独立研究二元一次方程图像。
2. 任务完成快的学生做线上或线下“大使”进行“大使巡游”并进行评价。
3. 通过对“互联大使”所画的两个不同的二元一次方程图像的综合探究对比，研究二元一次方程组图像。</td></tr>
<tr><td>互联大使，巡游互动</td><td>大使巡游</td><td>①任务清单完成快、质量高的小组可以和教师一样，做线下“大使”走到其他组进行引导或给出建议。
②“互联大使”在互动讨论区巡游。</td><td>线上线下“大使巡游”，双管齐下，落实到人。</td></tr>
<tr><td>效果检测，直观快捷</td><td>速配</td><td>①任务清单完成比较快速、精准的小组可以和老师一样，做线下“大使”走到其他组进行引导建议。
②做“互联大使”在互动讨论区巡游。
③课程最后的检测在线上完成，学生通过线上互动讨论区互批解决问题。</td><td>指导更具有针对性，检测反馈不再拖延。</td></tr>
</table>

九、板书设计

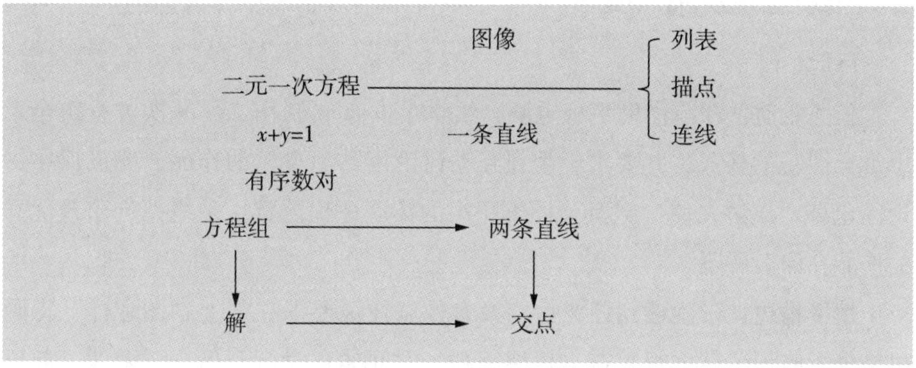

图 3-1-2 板书设计图

教学反思

运用“大使巡游”激发学生数学思维

——以初一“二元一次方程图像”的教学为例

一、案例背景

随着互联网技术的普及，“互联网+教学”逐渐进入中小学课堂。我一直在思考：在当今“以学生为本”的课堂中如何利用互联网的创新成果助力学生数学思维的提升？为了解决这一问题，我在初一学生学完“二元一次方程组”全章知识后，在“以学生为本”教学原则指导下，借助 SCL 工具“大使巡游”设计了一节活动进阶课——“二元一次方程图像”。

二、概念界定

“大使巡游”是一种线下个体与集体、个体与个体的交流方式，它营造一个开放的环境，让参与者针对特定的问题展开对话。互联“大使巡游”是一种线上交流方式，它借助互联网优势，使个体与集体、个体与个体更自由地交流，以更开放的环境让参与者针对特定的问题展开对话。

三、情境呈现及聚焦反思

【情境 1】

任务驱动：课前借助平板电脑，给学生发布“制作二元一次方程组全章思维导图”的任务，并要求学生在互动讨论区贴出自己的作品，完成后在讨论区化身“巡游大使”对其他同学贴出的作品评论点赞，最终评选出最优秀的作品在课上展览。

情境描述：学生接到任务后，没有像以往被要求在纸上画图那样觉得画思维导图麻烦，反倒很兴奋、很感兴趣，课间休息时就开始三三两两一起研究是在 Word 里画方便还是下载一个思维导图软件方便。很快，一个思维导图软件就在班级平板电脑里传播开来。完全不用引导，学生自主发现了平台。接下来，精美多样的思维导图就被制作呈现出来，有的是两层分支，有的是三层分支，学生的发现能力和知识运用能力在电子产品上得到了充分展现。课堂上，由“互联大使”选出的获赞达人把他梳理的思维导图投射在屏幕上，骄傲地为大家讲解。

效果：学生的良好表现源于平板电脑任务最大限度地激发了他们的学习兴趣，想探究的意识促使他们发挥思维的主观能动性，借助对电子产品的兴趣以及对互联网的了解，他们的思维碰撞出火花，完成的思维导图超出教师的预期。

反思：任务驱动，锻炼“互联大使”的数学思维，让课堂更灵动。

“互联”课堂需要教师的“互联”智慧，因为学生的手指和大脑如果没有约束会如脱缰的野马一般四处驰骋。有调查表明：小学生就可以自己快速下载各种游戏软件并加以使用。多么自觉主动的学习状态啊！为了能更好地控制课堂，使“互联灵动”却又不走偏，我设置了任务驱动——“大使巡游”引领学生，激发了学生的数学思维期待与主观能动性。绘制思维导图更凸显了数学的味道，学生也悄悄地从被动要求必须动脑思考知识结构体系转化成了主动追求在自己大脑中对已学知识进行重组建构的思维主体，作为引导者，我对学生的这一表现十分欣喜。

【情境 2】

任务驱动： 教师提前在平板电脑里发布课堂《学生学习指南》，每一个课堂阶段任务都详尽地写在指南里，不需要我做任何解释，每一个阶段任务的指令都很清晰、准确地呈现在每一个学生眼前。

任务 1

①观察，总结你画出的二元一次方程 $x-y=1$ 的图像，你喜欢的二元一次方程图像是__________。

②这个结论是怎么得到的？

③探究过程中有没有待解决的问题？

任务 2

①通过任务 1 的学习，你觉得怎样画二元一次方程 $2x+y=5$ 的图像最简单？

②画二元一次方程 $2x+y=5$ 的图像。

③观察，总结你画出的二元一次方程 $2x+y=5$ 的图像是__________。

任务 3

①通过任务 1、任务 2 的学习，你觉得应该怎样画二元一次方程组

$$\begin{cases} x-y=1 \\ 2x+y=5 \end{cases}$$

的图像呢？

②解这个方程组，只观察图像你可以得到方程组的解吗？

③这个结论是怎么得到的？

④探究过程中有没有待解决的问题？

情境描述： 课堂探究环节伊始，每个学生利用自己的平板电脑按照《学生学习指南》安静地自主阅读（见图 3-1-3）。读完后，学生就陆续开始在坐标纸上进行大胆的自主探究。每个学生画完后通过平板电脑把思维导图拍照发到讨论区，发布后又变身“互联大使”通过互动讨论区相互评价，再反过来自评——这期间可以解决自己不理解的问题或者同伴存在的问题。“大使巡游”通过沟通，互联解决问题，进行二次学习。最后，小组把共同商讨

的答案发布到班级小组讨论区，不离开座位就可以看到其他小组的探究成果及其他“互联大使”的讨论发言、质疑、点赞，进行三次学习。

图 3-1-3　“互联大使”在线互动

效果：通过“以学生为本”一个个阶梯式任务清单，完成数学思维的逐步升华，经历对知识从特殊到一般的认知过程，逐步形成对二元一次方程图像由浅入深的研究。学生整节课思维活跃、情绪高涨，无论是虚拟课堂还是现实课堂，不管是绩优生还是绩差生，都踊跃上进，奋力表现，都希望得到“互联大使”的认可。

反思

1. 以学生为本，线上“互联大使”升华数学思维，让课堂持续灵动

在探究过程中，不同学生可能存在着多样的解答，但重要的不是答案是否正确，而在于寻求解答过程中学生认知结构的重建，所以过程就显得尤为

重要。线上“互联大使巡游”可以激发学生的数学思维层层加深，让课堂因开放而真实灵动，因开放而真正人人参与。

本节课借助平板电脑的优势，设置了两种形式的“互联大使巡游”，如果运用得当可以有效激发学生数学思维。

（1）一题众论，碰撞出数学思维火花。

精彩课堂的生成源于智慧火花的碰撞，源于知识在学生头脑中形成的思维碰撞，源于生成在学生头脑之间快乐的传递。借助“互联平台”，通过“互联大使”“一题众论”唤醒智慧：让学生独立思考问题，协同解决问题，再将这一经历转化成知识和能力投射到学生头脑中，这不就是学习的过程吗？这不就是对学生思维的尊重、对课堂主动权的敬畏之心吗？这样的课堂还会有游离于课堂之外的“游士”吗？

（2）一错众纠，提升数学思辨能力。

课堂上因学生个体思维生成的问题是学生真实的学习表现，是实实在在需要在课堂上解决的问题。学生出错在所难免，课堂上学生自己发布的错误是最好的课堂生成。“互联大使巡游”给学生充分的纠错空间，让学生相互倾听想法，智慧的音符不断在课堂上流淌。学生们的自由质疑、交流展示、互动探究、动态生成、合作共享，都是以“互联大使巡游”的方式完成的，每一个学生都可以是“互联大使”。这样调动了学生的学习积极性，尤其是那些胆小内向的学生也积极参与到“互联大使”角色中来，更激励了绩优生使出浑身解数，力求将答案写得更加完美。“互联课堂”“互联大使巡游”激发了学生的数学思维，这种碰撞是这节课最大的收获。

2. 以学生为本，“互联大使”突破数学思维难点，让课堂智慧传递

课堂上每个学生都希望得到“互联大使”的认可，这样就潜移默化地实现了分层教学、自主学习的目标。师生互动、生生互动、师生与文本的互动，既为教师大展拳脚提供了一个拥有无限可能的舞台，也为学生提供了一个自由而丰富的人文平台，较好地激发了学生学习的兴趣与信心，学生的学习状态完全由被动接受转变为主动求知，学生自主学习的优秀品质和质疑求知的问题意识得到了很好的培养。基于“以学生为本”的教学原则，学生通过这节课的学习初步有了数形结合和函数的意识，为今后继续研究函数打下了很好的基础。

【情境 3】

情境描述：任务驱动“互联大使巡游”学习结束，教师在课堂检测平台提前布置了检测任务，学生点进去进行自我检测，教师在后台关注检测结果。

学习效果：检测反馈通过互联平台及时、真实地完成。无论是在课堂进行过程中，还是在课程最后的检测中，有了平板电脑和互联网就可以通过互动讨论区、课程测试“互联”了解具体学生的具体问题，班级全体学生的学习内容掌握程度也可以通过检测数据呈现出来。其中完成又快又好的小组成员还可以成为线下“互联大使”，走到其他组进行引导，给出建议，使得课堂真正形成“以学生为本”的课堂探究氛围。

反思：直观检测“互联大使”数学思维，让课堂真实灵动。

平板电脑检测相比常态课堂检测更具有直观性、针对性，检测反馈不再滞后，而是及时呈现。学生沉浸在这样的课堂中，真正实现了高效互动。

【SCL 课题实践反思】

“学起于思，思起于疑”，主动学习的核心是探究，探究活动始于任务，但在完成任务的过程中，学生也存在很多疑问，让学生敢于提问和善于提问是培养学生探究能力的突破口，也是“以学生为本”课堂不可或缺的重要组成部分。叶圣陶先生曾提出，教师要“解放孩子们的嘴，让他们说，让他们问”。为了发挥学生的主动性，我在 SCL 课题实施前深入研究教材，广泛收集和阅读相关资料，在拓展、深入、思考、研究、设计实施的同时，增加了研究的成分，使学生真正习得本节课的数学思维。(见图 3-1-4)

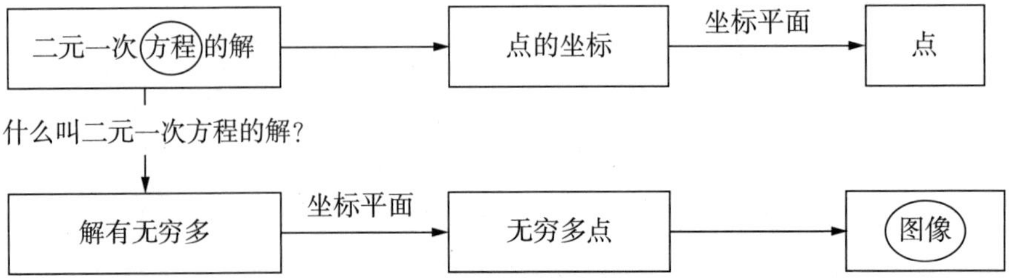

图 3-1-4　二元方程的解的数学思维

通过课题实践发现，“以学生为本”的课堂教学不仅传递显性知识，还传达了隐性知识，能够承载更为宽泛的教育功能，实现教学相长，让师生都受益匪浅。课题实施后我对班级学生做了调查：“互联大使”课堂与传统教学课堂相比，你更喜欢哪一种？班上 28 名学生提交了答案。96.3%的学生认为“互联大使”课堂好。理由是“互联大使”课堂自主学习、自主研究、自主发现问题、自主解决问题，比教师讲解的印象深得多；能及时补充知识，拓宽知识面；可以质疑解疑，让学生更大胆，有更多的机会发表自己的看法；可以看到其他同学的见解和感受，可以更好地进行交流；有独立思考的空间，且能够比较深入地学习知识，提高自学能力。

虽然有些数学知识在学生今后的生活中不会用到，但学生的数学思维方式以及逻辑思维能力是他们终身受用的。“以学生为本”教学法有助于培养学生的数学思维。这样的数学课堂才是充满智慧的灵动课堂，才是让学生主动发展的课堂。“以学生为本”课堂教学的路还很长，我们还要不断探索。

专家点评

根据实际需要，授课教师开发了这一“活动进阶课”。作为探究活动的生长点，学生用思维导图这一工具，对“二元一次方程组”单元进行梳理，自然提出探究“二元一次方程图像”的新问题。在完成“三个任务”的过程中，围绕《学生学习指南》所设定的“问题串”，学生在实际操作、独立思考与全班交流中，获得用几何观点看二元一次方程的经验，积累了关于一次函数的体验。特别是“平板电脑+互联网”所构成的环境，使“大使巡游”活动能在线上和线下方便地实现，所有学生都有机会进行深层次的独立思考。执教者对“以学生为本”教学法有较系统的认识，并积极探索出具体的实施策略。

第四章
“以学生为本”的教学设计：初中英语

案例 3

七年级英语新授课“Could you tell me how to get to the National Stadium?”

专家箴言

兴趣是最好的老师，活动是学生运用英语的最好途径！

教学设计

一、课标要求分析

《义务教育英语课程标准（2011 年版）》（简称《英语课标》）要求七年级学生在语言技能上达到三级标准，学生应通过大量的专项和综合性语言实践活动，形成综合语言运用能力，为真实的语言交际打好基础。在听的技能上，能识别语段中句子之间的联系；能听懂有关熟悉话题的语段。在说的技能上，能在课堂活动中用简短的英语进行交际，能就熟悉的话题进行简单的交流，能在教师的指导下进行简单的角色表演。本课落实《英语课标》中的听说技能要求，即学生能听懂关于问路和回答路线的对话，能在情境中运用目标语言进行简单的问路和回答，并进行角色扮演。

二、学习内容分析

本节课的教学内容是外研社出版的《英语》七年级下册教材中的 Module 6 Unit 1 “Could you tell me how to get to the National Stadium?”，涉及询问路线、查看地图和帮助别人找到正确的路线，是一节以说为主的听说课。本节课是该单元第二课时。在第一节课中，学生已经学习了这个单元的目标词汇，利用听力材料进行了听力技能强化训练。本节课是在理解对话内容的基础上，进一步要求学生提取目标语言，并运用这些词汇和句型进行问路与指路。本节课既是对第一节课的补充和强化，也为第二单元关于伦敦旅游的阅读奠定了语言基础。

（1）本节课主要教学内容是学习问路与指路的各种表达方式，并能阅读地图标出的线路，根据线路找到具体位置。“问路与指路”属于《北京市高级中等学校招生考试考试说明（2019 年）》（北京理工大学出版社出版）中的第 8 个“人际交往”和第 17 个“旅游与交通”这两个话题；在《英语课标》功能意念项目表中，属于“社会交往”中的“问路（asking the way）”这一语言功能。在《英语课标》的“语言技能细目表”中，要求学生能够“与他人沟通，合作完成任务；能有效地询问信息和请求帮助；能根据话题进行对话”。

（2）课文对话内容是在天安门广场的问路与指路，语境真实、语言丰富。内容贴近学生的生活，容易唤起学生的学习兴趣，也有利于教师展开真实的语言实践活动。

（3）该话题实用性强，相对记忆基本句型和理解对话而言，学生要提炼出目标语言，并在实际生活中灵活运用目标语言，帮助自己和他人找到路线是较为困难的。

三、学生情况分析

本班学生多是北京流动人员子女，英语基础较弱，家庭关注较少，课后练习英语的机会不多，需要充分利用在校时间，提高英语学习效率。学生对问路与回答的话题较为陌生，但是在七年级上册 Module 3 学过关于方位和地理位置的词汇，比如“go along”“turn left”“on the right”，有一定语言基础。学生在学习语言的时候，多局限于课本中给予的环境，一旦到现实生活中要听懂别人指出的路线，或者给别人指路，实现英语的交际功能，就有一定的困难。因此，本课在教学方法上，要使用活动或者资料来帮助学生，促进学生学习和运用英语，敢于用英语解决现实生活中的问题。

四、学习目标

（1）能够熟读课文中的对话，充分理解课文意思，并根据对话标出线路。

（2）能够正确运用目标句型进行问路：“Could/Can you tell me the way to…?”“Could/Can you tell me how to get to…?”“How can I get to…?”。

（3）能够正确运用目标句型回答路人的问路：“go across…”“go along …”“turn left at…”“on the right”“take the underground to…”。

五、学习重点

根据《英语课标》对英语语言听说技能的要求，并体现英语的交际性和实用性，本节课重点训练学生在不同的真实语言情境中，运用目标语言来问路与描述路线。本课主要是听说能力训练，学生运用目标词汇和句型进行交际，解决生活中的实际问题，为本模块的问路情景剧表演做准备，并为下节课的文段阅读打下基础。本节课依托课文对话，引导学生找出目标语言；借助图片，操练目标语言；创设情境，运用 SCL 工具，引导学生运用目标语言。

六、学习难点

学生能够掌握目标词汇和句型，但是运用目标语言进行交际和解决问题存在一定难度。因此，本节课在学完课文对话之后就让学生操练问路与回答的词汇和句型，之后创设两个真实情境，利用对子活动、角色扮演和速配让学生在互帮互助的条件下，借用不同情境和不同角色来充分练习，突破难点。

七、学习流程

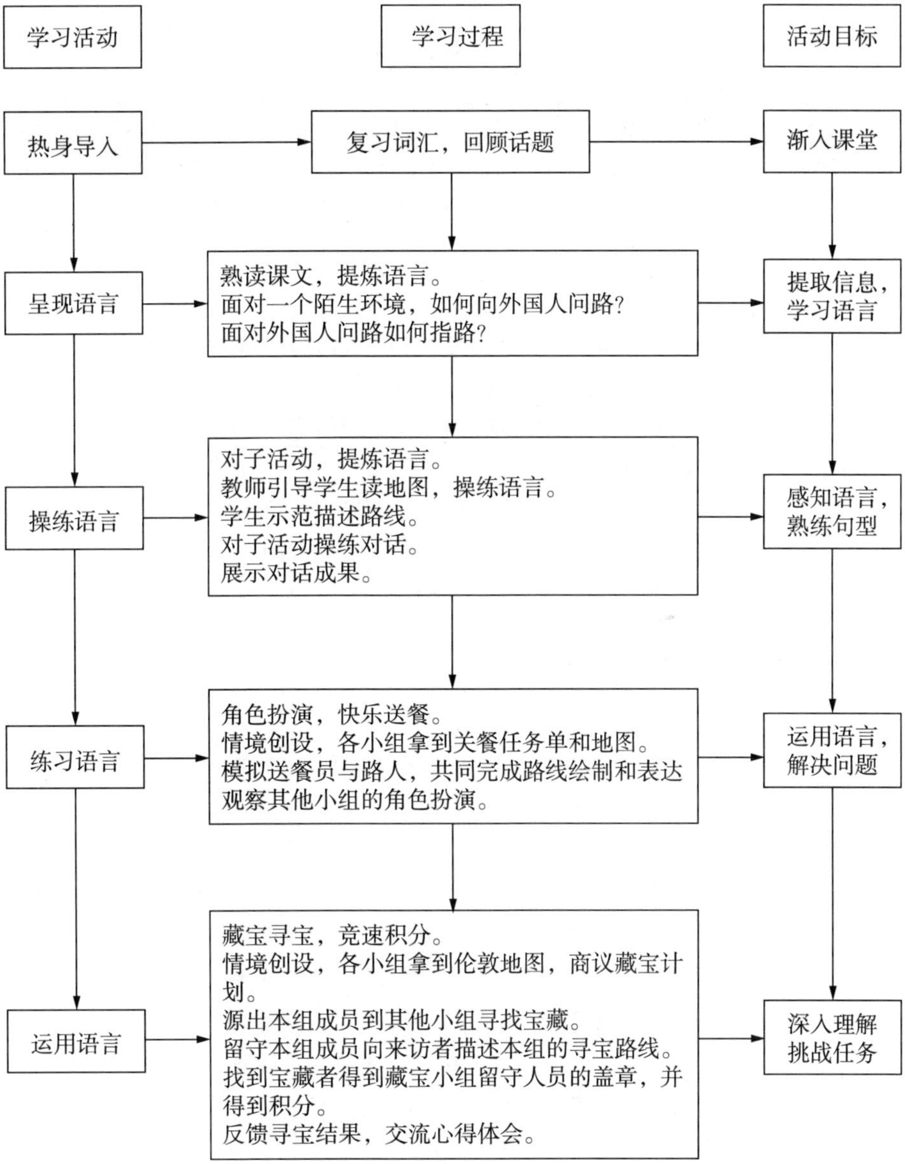

图 4-1-1 学习流程图

八、教学过程

表 4-1-1　教学过程表

教学步骤	SCL 工具	教学过程	活动目标	时间安排（分钟）
热身导入	头脑风暴	1. 跟老师问好。 2. 熟读单词，并回顾本单元的话题内容。	渐入课堂	2
呈现语言	仔细观察	1. 跟磁带朗读课文对话。 2. 在教师的启发下思考在户外迷路如何询问路线，自主提炼文中关于问路的句型。 3. 反馈并朗读从文中提炼的关于问路的句型。 4. 思考在户外遇到陌生人询问路线如何回答，自主提炼文中关于回答路线的句型。 5. 反馈并朗读文中提炼的关于回答路线的短语和句型。	提取信息，学习语言	8
操练语言	信息棒，对子活动	1. 借助图片，运用目标语言描述从天安门到王府井大街的路线。 2. 借助图片，运用目标语言描述从长安街到北京图书大厦的路线。 3. 借助图片，运用目标语言描述从天安门到国家体育馆的路线。	感知语言，熟练句型	10
练习语言	角色扮演	1. “我是送餐员”情境创设：假如某快餐店的经理接到了很多送餐订单，需要送餐员迅速将餐送到指定地点。 2. 角色分配：两人小组中 A 同学是送餐员，手里拿有送餐的任务清单（抽签拿到任务），B 同学是路人，手里拿有地图（教师事先准备），A 同学需要问路，B 同学将路线告知。	运用语言，解决问题	12

续表

教学步骤	SCL 工具	教学过程	活动目标	时间安排（分钟）
练习语言	角色扮演	3. 情境中须完成的任务：两人要将路线画出来，并用目标语言描述出来。在这个活动中，A 同学主要练习的是 Could you tell me the way to…? /Could you tell me how to get to…? /Is there a…near here? 有关问路的句型，B 同学练习的是 go along/turn left/turn right/opposite 等回答路线的短语和句型。 4. 班级中各组展示角色扮演。	运用语言，解决问题	12
运用语言	速配	1. “寻找宝藏”情境创设：学生们来到伦敦，事先将自己手中的宝藏藏在某个地方，然后在特拉法加广场集合，他们都需要寻找别人的宝藏来获取自己的能量值。 2. 两人为一组，每组有一份伦敦地图（事先下发），每组手里都有宝藏，还有自己的 Logo。每组将自己的宝藏藏起来，可以藏在某个建筑物里，也可以藏在河里，商量出寻宝路线。 3. 大家藏好宝藏后，都从伦敦特拉法加广场出发，到其他组去寻找宝藏。 4. A 同学留在组里，等待别的组的同学来询问宝藏，本组的 B 同学则出游到别的组去问别的组宝藏藏在哪里。在此过程中，每组的 A 同学都需要将寻宝路线说出来，而别组的 B 同学要根据所说的内容画出路线图，找到宝藏。 5. 每次“巡游”时限是 2 分钟，如果在 2 分钟内找到了宝藏，则该组 A 同学要给来访的 B 同学画上本小组的 Logo，表示此次寻宝成功，或得了能量值。到最后，得到 Logo 最多的小组为胜利组。 6. 师生总结学生体会和收获。	深入理解，挑战任务	13

九、板书设计

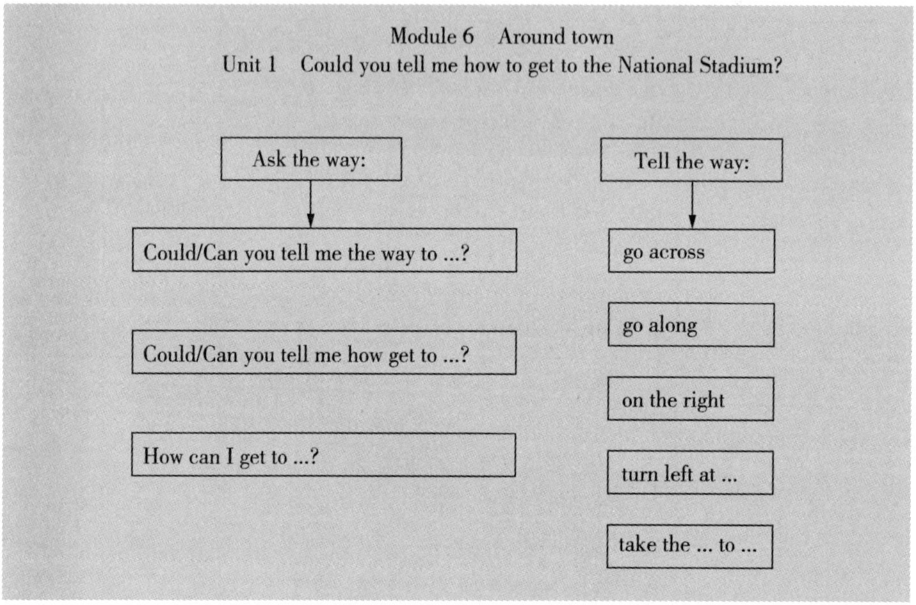

图 4-1-2 板书设计图

教学反思

我送快递你寻宝

——运用“高激励性活动”提高学生英语课堂的积极性

一、背景分析

在参与“以学生为本”项目培训以前，我们讲授英语课都是按照热身、输入、操练和输出这个模式进行的，虽然也能完成教学任务，但是过于形式化。每节课的操练部分就是对目标句型一遍又一遍地练习，很生硬，也很无聊。需要学生输出所学知识的时候，我们往往看到学生们低着头，把目光移到桌面，祈祷着不要叫到自己。教师也陷入尴尬的境地。这是由于这种教学只关注知识点，课堂缺乏对人文性和生活性的关注。我们一直想突破，一直想让这样的课堂变一变，直到“以学生为本”教学法的出现让我们的课堂活了起来。

英语是一门语言，想学好必须有环境。让英语课堂变成语言的实践场所、让学生用英语做事情成为我们设计这堂课的主线。在“减负提质”的大背景下，要想充分利用课堂 45 分钟，我们需要慎重思考以什么样的活动为载体开展教与学的互动，才能较大限度地激励学生积极参与、消化知识、大胆表述、开拓创新，从而完成语言的习得过程。“高激励性活动”符合学生的身心发展特点，具有趣味性、挑战性、真实性，让学生能够对活动本身充满期待。学生希望挑战完成这项任务的愿望比较强烈，主动寻求同伴互助合作，积极解决问题，即使没有激励性的措施，也能主动完成任务。这样的活动符合“以学生为本”的理念，即让学生充分参与课堂。

针对外研版七年级下册《英语》教材 Module 6 Unit 1 “Could you tell me how to get to the National Stadium?” 的课文，如何运用 SCL 工具设计“高激励性活动”，既能让学生大量练习目标语言，又能提高任务本身的趣味性、挑战性，让学生真正发自内心地愿意主动参加呢？在本年级英语备课组老师的帮助下，我用 SCL 中的角色扮演和速配两种方法，设计了送外卖和寻宝藏的活动。

二、概念界定

这节课是用活动的方式来激励学生参与学习，从而把目标语言应用到现实生活中，也用了游戏的方式让学生乐在其中。一般来说，激励分为外在激励和内在激励两种。在英语课堂教学中，外在激励以奖励、晋级等为主，而内在激励主要来自学生的兴趣爱好、学习动机的提高。在教学过程中，我们通常偏重于采取外在激励措施来奖励学生，设置一些竞技活动激励学生积极参与，却较少关注活动本身是否真正达到了内在激励的效果。我们设计活动其实是为了激励学生更好、更多地参与课堂，而在一些课堂活动中，出现了诸如缺少趣味性、缺少挑战性、活动过于表演化、脱离学生的实际生活经验，或者活动偏离教学目标等问题，花了时间和精力活动来做，却得不到良好的效果。这些活动我们可以称之为“低激励性活动”。中学生既不喜欢过于幼稚的游戏，又无法挑战难度太大的任务。同时，他们已经具备了一定的社会性，不再仅仅关心自己周围的事物，而开始以极大的兴趣观察、思考和判断社会生活中的种种现象和问题。因此，我们对初中以上的学生的激励要用符合其年龄段和心理发展的“高激励性活动”。所谓“高激励性活动”，是指具有有趣、新颖、神秘性、挑战性、竞技性或者社会性等特点的活动。学生一拿到活动任务就能被吸引，在活动过程中，学生乐于参与，沉浸其中。通过参与这些活动，学生不仅能够借助新学知识完成任务、解决问题，而且能够锻炼判断和思考能力，为成为一个社会人做好准备。下面通过两个真实的活动来阐述什么是“高激励性活动”及其带来的变化。

三、情境再现

Task 1

Teacher：The manager of *Pizza Hut* received many orders. Now you are *the delivery man*（在 PPT 中出现外卖员图片，辅助学生理解该词汇）. You choose your task and deliver the order as quickly as possible. But you don't know the way，what can you do if you forget to take your mobile phone?（老师：必胜客的经理接到很多快递单。现在你们是快递员，你们选择你们的快递单并尽快送达。但是，你忘记带手机了，你又不认识送货路线，你会怎么做?）

Student 1：I will borrow a phone from someone.（学生 1：我会跟别人借一个手机。）

Student 2：I will ask the way from someone.（学生 2：我会向其他人问路。）

Teacher：Yes. We have learnt how to ask the way，so I think we can ask the way from someone on the road. Here is the map around our school for you，you can use it to ask and answer the way in pairs to finish our task.［老师：我们已经学了怎么问路，我认为我们可以向路人问路。这是我们学校周边的地图（图 4-1-3），利用这个地图做问路和指路的两人对话练习来完成送快递的任务。］

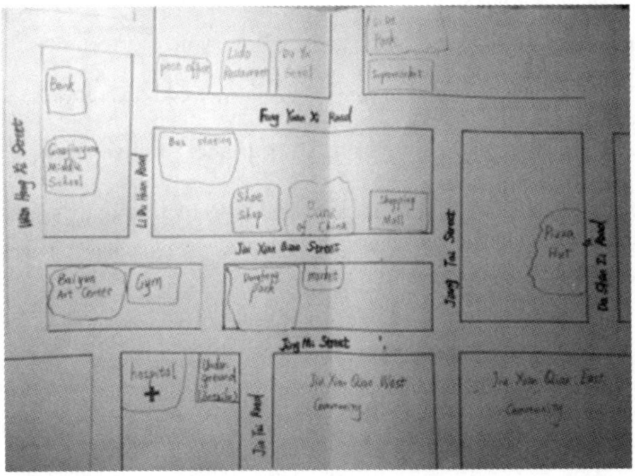

图 4-1-3　学校周边地图

这个活动的情境是“模拟送餐员”，即快餐店的经理接了很多订单，需要送餐员迅速送餐。现在小组中 A 同学是送餐员，手里拿到了送餐的任务清单（抽签拿到任务），B 同学是路人，手里有地图（事先准备好），A 同学需要问路，B 同学告知路线。在这个活动中，A 同学主要练习的是“Could you tell me the way to…? /Could you tell me how to get to…? /Is there a … near here?”等有关问路的句型，B 同学练习的是“go along/turn left/turn right/opposite”等回答路线的短语和句型。

当下，外卖和人们的生活息息相关，学生经常看到外卖员在路上奔波。学生第一次模拟送餐员的身份，对这种体验倍感新鲜、有趣。拿到地图，无疑是一种视觉刺激，容易吸引学生。在课堂上，学生们一拿到地图就立即开始阅读，阅读地图比用手机导航要新颖和直观。在完成任务的过程中，学生们都在认真地读地图、想位置、说路线。此时，语言已经不是学生的主要关注点，而是作为“工具”帮助送餐员完成面临的任务。活动充分体现了语言的交际性和工具性。

Task 2

Teacher：Look for treasures（在 PPT 中出现宝藏图片，辅助学生理解该词汇）now. Each pair has a map of London and think about where to hide your treasure. You decide the hiding place without labeling it on the map. You have to look for other pairs' treasures. Now you start here near Trafalgar Square. One of the pair goes out to look for other pairs' treasures. The other one stays at your place to give the route to others. Look at the PPT to make sure how to finish this task.（老师：现在来寻宝吧。每一组都有一张伦敦地图，你们可以把自己的宝贝藏在地图上的某个地点，但无须标识出来。然后用“大使巡游”的方式去寻找其他组的宝贝。现在从特拉法加广场附近出发，派一名队友作为“大使”去寻宝，另外一名队友留守给其他组的寻宝人指寻宝路线。请看 PPT 以理解任务规则。）

Student 1：Wow，it is interesting. We like this game.（学生 1：哇，太有趣了。我们喜欢这个游戏。）

Student 2：We will find your treasure.（学生 2：我们会找到你们的宝藏的。）

Student 3：Haha，Let's hide our treasure here，they can't find it.（学生 3：哈哈，让我们把宝贝藏在这，他们肯定找不到。）

Student 4：Let's wait and see.（学生 4：让我们仔细琢磨下。）

Teacher：Map is here. OK，let's go. [老师：大家已经拿到地图（见图 4-1-4），我们开始吧。]

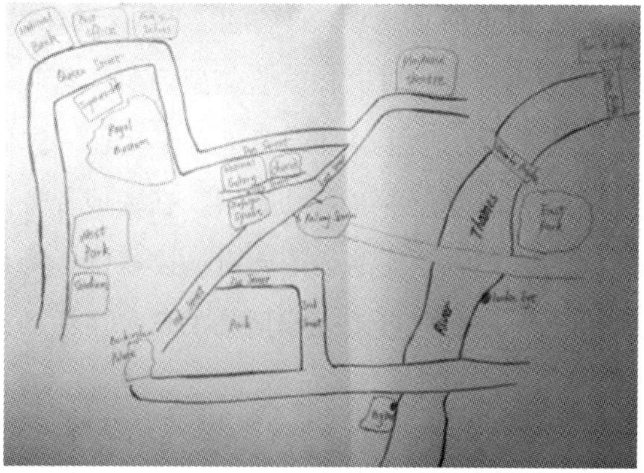

图 4-1-4　寻宝图

这个寻宝活动更具有挑战性和神秘色彩。每组有一份相同的伦敦地图(事先下发)，每组手里都有宝藏，还有自己的 Logo，每组将自己的宝藏藏起来，可以藏在某个建筑物里，也可以藏在河里，组员商量出寻宝路线。大家藏好宝藏后，都从伦敦中心出发，到各组去寻找宝藏。此次活动设计由每组的 A 同学留在组里，等待其他组的同学来询问宝藏，而每组的 B 同学则出游到别的组去询问该组宝藏藏在哪里。那么每组的 A 同学都需要将路线说出来，其他的 B 同学则要根据所说的内容画出路线图，找到宝藏。时限是 2 分钟，如果在 2 分钟内找到了宝藏，则留守的 A 同学要给来访的 B 同学画上本小组的 Logo，表示寻宝成功。到最后，得到 Logo 最多的小组为胜利组。

寻宝是中学生喜欢的活动，符合他们的身心发展特点。之所以设计在伦敦，是因为这个场景本身具有神秘色彩，让学生有种好莱坞大片的感觉，自然引发了学生的兴趣；同时又为本模块的第二单元“在伦敦旅游”的学习奠定基础（教材第二单元有这幅地图)。

这两个活动在设置角色的时候，特意将 A 与 B 明确分工，即，在活动 1 中，A 练习问路，B 练习回答，而在活动 2 中，A 练习回答，B 练习问路。通过两个活动，每个学生都练习了问路与指路。

四、反思

这节课后，学生们意犹未尽，他们认为自己在活动中获得了愉悦的感受，并掌握了语言。在整个教学过程中，我减少了教师的话语，将课堂学习的主动权交给了学生，我也完成了从“讲坛圣人”到“身边向导”角色的转变，学生则是积极主动、自我主导的学习者。“高激励性活动”给课堂带来了一些实质性的变化。

（一）实现了英语的工具性和人文性的统一

《义务教育英语课程标准（2011 年版）》指出，英语课程具有工具性与人文性的双重属性。就人文性而言，英语课程承担着提高学生综合人文素养的任务，即学生通过英语课程能够开阔视野，丰富生活经历，形成跨文化意识，增强爱国主义精神，发展创新能力，形成良好的品格和正确的人生观与价值观。日常英语教学中蕴含着丰富的社会知识和跨文化知识，我们应该借助这一平台，帮助学生逐步实现个人价值和社会价值。因此，英语教学不再局限于教材，也不再局限于课堂，而是立体的文化和情境的融合。

本课中送餐员的角色扮演，让学生体会当下送餐员工作的不易和他们实际工作中会碰到的问题。当人们在享受送餐员带来的快餐时，又有多少人会思考送餐员在风雨中究竟经历了什么？在寻宝游戏中，读懂伦敦地图就成了学生应该具备的能力，当今社会出行有了导航，有多少人还在认真读地图呢？学生们在日常生活中，有没有思考过自己要去一个地方有几条路线？哪条路线近？哪条路线好走？哪条路线途经的地点多，可以安排更多的活动？当学生围绕这些展开交流时，他们的关注点转向了任务，而英语已经悄悄地转化成完成任务所需的语言沟通与交际的工具。

（二）实现了高驱动力和学习效果的统一

学生在对活动产生兴趣的时候，能够集中注意力、提高观察力、增强记忆力、进而提升思考能力与创新能力。

课后进行的问卷调查和访谈中有个问题：你对这节课印象最深的是什么？结果有90%的学生印象最深的是第二个寻宝活动。通过进一步访谈了解到，有的学生认为这样的活动新颖，让人眼前一亮；有的学生喜欢这种神秘感和竞争的氛围；有的学生喜欢沉浸在游戏当中；有的学生认为这种方法不是死记硬背，而是在实际运用中学习英语；有的学生说自己能够大胆地询问，而不是等待别人来逼迫自己回答；有的学生说他们在活动中学会了合作；有的学生说这个活动让他开动脑筋，集中注意力，活动时可以走一走，一点儿都不困了；有的学生说这种方式能让他们更多地了解英语的用途；有的学生说在学习中娱乐，在娱乐中学习是最好的学习方式；有的学生说，自己不懂的地方就直接问同学，不像传统的课堂没机会或者不敢发问。

从访谈的结果来看，绝大部分学生都对这种活动形式抱有积极的态度，认为这种活动激发了学习兴趣，提高了学习效率，而在平时的传统课堂活动中，并没有出现这样积极的氛围。

与此同时，课后检查学生朗读效果，发现90%以上的学生都能准确读出基本词汇，并且能够很快地在阅读文段中识别出这些词汇。带学生复习问路情境，他们能立即说出基本句型。在期末考试复习中，凡是碰到问路的题目，学生都能很快选出答案，几乎没有学生出错。

（三）实现了合作学习与交际性的统一

合作学习广受中小学热捧，而这种形式的学习也对学生获得知识和技能、发展思维能力、培养情感体验、增进师生情谊等起到促进作用。《义务教育英语课程标准（2011 年版）》把“激发和培养学生学习英语的兴趣，使学生树立自信心，养成良好的学习习惯和形成有效的学习策略，发展自主学习能力和合作精神”放在了首位。英语教学中的交际性原则，要求教师把英语作为交际工具来教，也要求学生把英语作为交际工具来学，还要求教师和学生课上课下把英语作为交际工具来使用。

本节课的两个活动都需要学生在合作中互帮互助，求同存异，共同完成任务。在送餐员的活动中，A 同学是送餐员，B 同学是路人，他们手里有不同的工具并需要密切配合，运用所学的语言进行交流以完成任务。在此活动中，A 与 B 同学形成合作关系，用英语进行交际。在藏宝活动中，A 同学留守小组，B 同学出巡到别的小组去寻宝，原来的合作小组虽然关联还在，但实际上他们都与其他同学组成了新的小组进行合作与交际，这个任务看似是由 A 和 B 共同完成的，其实是班级成员的大合作，让本节课的合作学习更进了一步。学生在合作时置身于一个模拟的场景中，容易产生身临其境之感，吸引他们较快地进入学习状态，进而激发求知欲，积极参加口语交际活动。

五、结语

当然，这节课还有可以进一步完善的地方。比如，课前可以让学生根据老师的提示和要求分组完成地图的绘制，评比出最实用的地图作为课上用的地图，这样可以进一步培养学生的设计能力。在英语教学改革过程中，教育工作者需要不断实践、不断改进、不断创新，争取把尽可能多的课堂时间还给学生，让学生既学习了语言，又增加了对生活的认知。我们坚持“以学生为本”的原则，使用活动或资料来激励、帮助和挑战学生，鼓励学生积极参与学习过程，培养学生问题解决的能力，让学生在活动中挖掘潜能，发展个性。

专家点评

该教师在进行教学设计时，以《义务教育英语课程标准（2011 年版）》中对七年级学生的听说能力的标准作为指导，遵循“以学生为本”教学法所提倡的设计原则，以 SCL 的工具为实施策略。

在教学中，教师注意调动学生已有的知识和经验，考虑并尽量满足不同学生的需求和学习爱好，通过设计“我是送餐员”和“寻找宝藏”活动，创设语言运用的情境，调动学生的学习兴趣，鼓励学生积极参与学习过程，培养学生的思辨能力和语言运用能力。学生思辨能力和语言运用能力的提升是在吸引学生参与的有兴趣的活动中实现的。本节课教学过程比较符合学生的认知规律，从通过听的语言输入、语言的练习不断使语言内化，到模拟真实情境的语言运用和输出。教师的角色也从传统的“知识的传授者”转变为“学生学习的促进者”。

第五章

“以学生为本”的教学设计：初中物理

案例 4

八年级物理新授课“功”

专家箴言

概念是反映事物本质属性的思维产物。采用“问题链”教学活动，需要设计由浅入深、层层推进的有趣问题，通过设问、追问，引导学生提出问题，通过辨析，使学生在概念的建构过程中逐步深化理解。

教学设计

一、课标要求分析

《义务教育物理课程标准（2011 年版）》（简称《物理课标》）中提出学生要掌握功的概念、做功的两个必要因素和功的计算。“功”是人教版《物理》教材八年级下册第十一章第 1 节的内容，是物理学中最基本、最重要，又与“能量”密切联系的一个物理量，这一节课是本章的重点和关键，对功的研究能为以后学习功率、能量的知识奠定基础。按照《物理课标》的要求，学生需要结合实例认识功的概念，需要知道做功的过程就是能量转化或转移的过程。

二、学习内容分析

功是前面力和运动知识的延续，同时也是学习能量知识的基础。功这一概念在功与能量的知识中具有基础性作用，所以对功概念的认识水平直接影响学生能量的概念的形成和功能关系的建立，该内容有以下两个特点。

第一，比较抽象。八年级的学生大多数处于形象思维阶段，功的内容学习起来比较抽象，所以需要利用学习活动，借助具体的实例或者实验使内容更加生动、形象，帮助学生体验抽象的内容，让学生自主建构出功的概念并进行深入理解。

第二，趣味性不足。该节内容对学生吸引力不足，所以本节课设计了贴近学生、吸引学生的实验，从而增加趣味性。

三、学生情况分析

本节课教学对象是八年级的学生，学生已经学习了运动和力等知识，具备了学习功所需要的基础知识，学生对物理中的功和已有的对功的认识混淆不清，已有的对功的认识更多的是生活中的理解。但是生活中功的概念用得很少，而且与物理学中的功有区别，而且学生缺乏生活经验，很难认识功。因此，本节课从生活现象入手，运用活动帮助学生建构功的概念，教师充当学习的促进者。

四、学习目标

（1）能说出功的概念、做功的两个必要因素，并结合实例判断力是否做功。

（2）能说出功的计算公式和单位，能在实例中运用公式计算功。

（3）通过小组合作、分析思考、交流展示，经历建立功的概念的过程，体会从物理现象归纳简单物理规律的方法。

五、学习重点

本节课的重点是理解功的概念。功是物理学中的一个基本概念，它对于后面学习功能关系有很重要的作用，学生必须理解功的概念才能为后面的学习打下基础，但是功这个概念在学生生活中用得很少，学生觉得很抽象。本节课需要学生对功这个概念有深入的理解。为了更好地落实这个目标，本节课在设计时将与日常生活相联系，为学生创设情境，从生活入手，通过活动帮助学生理解功的概念。

六、学习难点

本节课的难点是建立功的概念，这是整节课都在突破的一个难点。本节课借助大量的活动，让学生亲身体验，不断在头脑中建构功的概念，再通过小组合作、交流、讨论，用思维碰撞的方式建立起功的概念。

七、学习流程

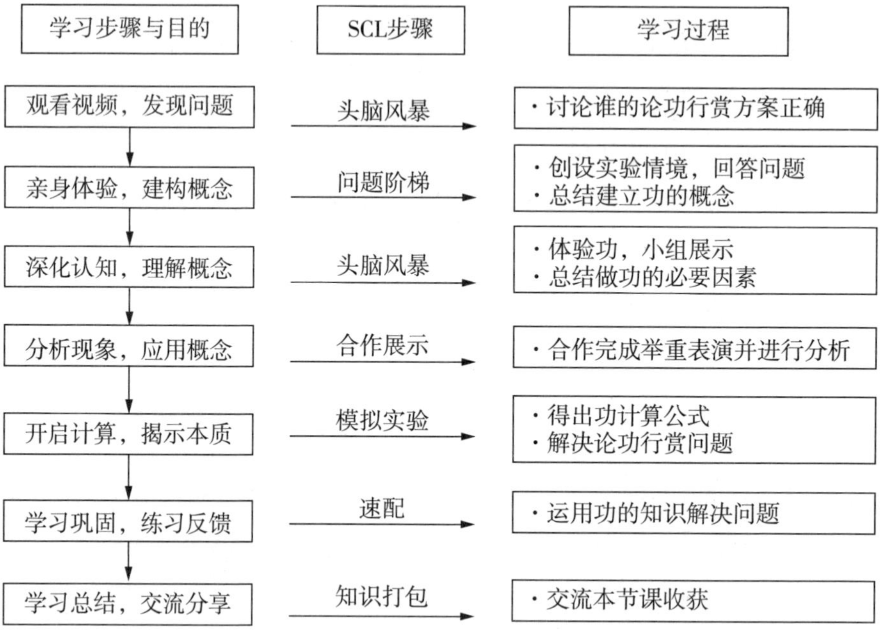

图 5-1-1　学习流程图

八、教学过程

表 5-1-1　教学过程表

教学步骤	SCL工具	教学过程	活动目标	时间安排（分钟）
观看视频，发现问题	头脑风暴	【观看】教师播放《三个和尚》动画，动画出现了方丈论功行赏的画面。甲和尚把 1000N 的砖提升了三层楼高，乙和尚把 2000N 的砖提升了两层楼高，丙和尚把 3000N 的砖提升了一层楼高。 【提出问题】谁的功劳大呢？ 到底谁的论功行赏方案正确呢？学完今天的课你就会找到答案。	丰富感知，引发思考	3

续表

教学步骤	SCL工具	教学过程	活动目标	时间安排（分钟）
亲身体验，建构概念	问题阶梯	【学生实验 1】请一名女生、一名男生分别提水桶。 【提问】两人对水桶施加力了吗？ 【追问】谁施加的力完成了任务？ 男生对水桶施加的力有了成效。 物理中的功不仅有成效的意思，还有更确切的含义。 【学生实验 2】推小车，提水瓶。 【提问】两名同学工作的过程中有什么共同特征？ 【追问】物体移动的方向与物体受力的方向有什么关系？ 【归纳总结】如果一个力作用在物体上，物体沿力的方向移动了一段距离，就说这个力对物体做了功。功用字母 W 来表示。	体验感知，自主建构	2 5
深化认知，理解概念	头脑风暴	【体验功】把物理课本举高，你对物理课本做功了吗？ 【提出问题】你能利用桌子上的物品设计力对物体做功的实验吗？ 【小组展示】每个小组举一个例子。 分析扔出去的篮球、未搬起水桶、背着书包做匀速直线运动，理解三种不做功的情况。 【归纳总结】总结做功的必要因素，写在彩纸上。 ① 作用在物体上的力。 ② 物体沿力的方向移动一段距离。 这是做功的两个必要因素，必要的意思是同时，缺一不可。	实验感悟，深化理解	10

续表

教学步骤	SCL工具	教学过程	活动目标	时间安排（分钟）
分析现象，应用概念	合作展示	【观看】举重视频。 【提出问题】你能不能找出举重过程分几个阶段？哪个阶段人对杠铃施加的力做功了？ 【小组展示】小组合作完成举重表演并进行分析。	运用知识	5
开启计算，揭示本质	模拟实验	【模拟实验】 将一块楼板匀速提升一层楼的高度，拉力做功了吗？ 我们把提一块楼板所用的力记为 F，一层楼高记为 S，把将一块楼板匀速提升一层楼高度的拉力做功记为 W。 【提问】用吊车把一块楼板匀速提升两层楼的高度，拉力做了多少功呢？ 用吊车把一块楼板匀速提升三层楼的高度，拉力所做的功多大呢？ 把两块楼板匀速向上提升一层楼的高度，拉力做功多大呢？ 把三块楼板提升一层楼的高度，拉力做功多大呢？ 用吊车把三块楼板匀速向上提升三层楼的高度，拉力做了多少功呢？ 引出：功的计算公式 $W=FS$ 【介绍】单位：N·m $1\text{J}=1\text{N}\cdot\text{m}$ 【提问】1J 是多大呢？你在哪里见过焦耳这个单位呢？ 【追问】功和能量有什么关系呢？ 功是能量转化的量度。 你能帮方丈解决论功行赏的问题了吗？	实验提升强化认知	10

续表

教学步骤	SCL工具	教学过程	活动目标	时间安排（分钟）
学习巩固，练习反馈	速配	【知识运用】下面我们利用功的知识解决问题。某学生用50N的水平推力，使重150N的小车在水平地面上匀速移动2m。 1. 画出小车的受力分析图。 2. 求出推力对小车做的功。 3. 判断重力是否做功并说出理由。 【展示风采】学生展示答案，并互相评价。	灵活运用	7
学习总结，交流分享	知识打包	【提问】 如果给本节课知识打个包，解压后有哪些内容呢？	整体认知	3

九、板书设计

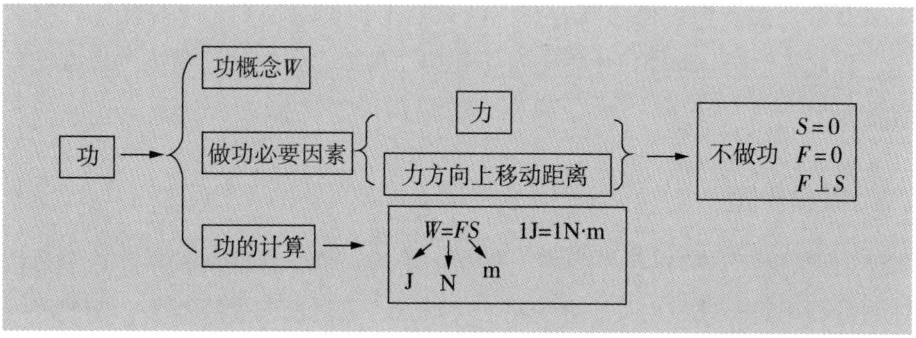

图 5-1-2 板书设计图

教学反思

利用“问题链”帮助学生自主建构功的概念

一、背景分析

初二物理“功”的常规教学往往不注意引导学生对功的概念与本质属性进行挖掘和理解，只是通过举例告知学生什么是功以及功的计算公式，然后让学生进行机械的计算，将概念习题化，弱化了物理概念教学。只是让学生知道、记住功这个概念非常容易，但要让学生理解这个概念，并通过概念的学习建立一个完善的知识体系，从而能够理解、应用物理规律，则是不容易达成的。

在“以学生为本”教学法指导下，本节课鼓励学生积极参与学习过程，培养思辨能力。想让学生自主建构功的概念，必须让学生自己主动参与、主动思考。思维能力发展了，学生自然很轻松就学会了知识。如何才能让学生自主有效地建立物理概念呢？在不断摸索中，我设计了“问题链”教学活动，以此为例谈一谈如何让学生自主建构功的概念，如何让学生的思维充分动起来。

二、概念界定

“问题链”是“以学生为本”教学法中的一个学习活动工具。这个活动工具的使用需要教师在课前进行精心的设计，设计的问题要连贯，能使思维逐层递进，在课堂教学时借助问题引导学生逐步完成对知识的架构和深入理解。“问题链”式教学将课堂还给了学生，学生成为课堂的主体、思维的主人。通过学习活动的设置，教师以学习促进者的身份引导学生自主思考，自主建构概念，达到对概念的深入理解。

如果只是让学生死记硬背功的概念，然后应用公式做题巩固，虽然学生能够做题，但是学生头脑中对于功这个概念的本质理解是不到位的。如何才能让学生对功这个概念有深刻的理解呢？本节课在功的概念建构环节设计了“问题链”学习活动，让学生的思维动起来，真正参与到课堂中，自主建构出功的概念，达到对功概念的深入理解。

三、情境描述

在课堂导入环节，我设计了方丈论功行赏的问题，让学生讨论谁的功劳大。要判断谁的功劳大，就需要知道什么是功。这个问题激发了学生的兴趣，想知道什么是功。接下来的“问题链”，每个问题都有实验作为支撑。

师：谁能把这个水桶提起来？(一名女生没提起来。)

师：我们再换一名男生。(一名男生提起水桶。)

师：他俩都对水桶施加拉力了吗？

生：施加了。

师：谁施加的力完成了任务呢？

生：男生。

通过对这两个问题的思考学生初步知道了功有成效的含义。

师：谁能把这个小车水平推走呢？

学生进行实验。

师：谁能把这个杠铃水平向上举过头顶呢？

学生进行实验。

师：这两个工作都有成效，两名同学工作的过程中有什么共同特征？

生1：都对物体施加了力。

生2：都移动了距离。

师：物体移动的方向与物体受力的方向有什么关系？（教师利用自制教具引导学生分析)。

生：力的方向与物体移动的方向一致。

两个更深入的问题让学生知道了物理学中什么是功，对功有了理性的认识。

之后教师继续提出问题。

师：你能利用桌子上的物品设计力对物体做功的实验吗？

学生开始设计实验，用抽签的方式展示实验。

师：你能总结出做功的必要因素吗？

学生小组合作，将自己总结的内容写在海报上，进行展示。这两个问题让学生把刚才对功的思考进行总结归纳，完善头脑中的认知结构。教师紧接着让学生观看举重视频。

师：大家能不能找出举重过程分几个阶段？哪个阶段人对杠铃施加的力做功了？

学生设计表演活动，进行展示。利用功的概念分析举重过程，学以致用，深化对功的概念的理解。

四、反思分析

“问题链”的教学方法引导学生自主建构出了功的概念。为什么这种教学方法可以让学生一步步建构出功的概念，达到对概念的深刻感悟和认知呢？

（一）按照“最近发展区”理论搭建问题支架

“最近发展区”理论注重学习者的主体作用及教师对学习者知识建构的引导作用。只有将学习者置于“跳一跳就能摘到果子”的情况，教师的引导才会促进学生学习的发展。本节课围绕功的内容，按“最近发展区”理论设计问题，将学生引入一定的问题情境，让学生进行探索，自主探究，通过小组合作、讨论找到问题的答案。对教师而言，学习者的“最近发展区”便是“最佳教学区”，在这个区域提供“问题链”，搭建支架，就能有效地帮助学生跨越最近发展区，激发潜在的学习能力。

（二）按照学生逻辑思维设计“问题链”

本节课在进行“问题链”设计时特别注重问题的逻辑性。每一个前面的问题都为后一个问题打基础，而后一个问题的得出又是对前一个问题的进一步深化，让学生能沿着自己解决的问题一步步深入，在解决“问题链”的过程中不断获得成就感。在设计“问题链”的过程中还要仔细考虑学生的思维过程，对于某个有难度的思维点，需要教师给予思维辅助。比如，学生对“物体移动的方向与物体受力的方向有什么关系？”这个问题感觉很抽象，提出这个问题后，学生觉得有一定难度。为了让学生更顺利地进入下一个问题，教师自制教具，形象地展示力的方向和物体移动的方向，使得这个问题迎刃而解，学生自然可以找到问题的答案。

（三）从学生兴趣出发设计问题

八年级的学生还处于形象思维阶段，他们喜欢感知事物，动手实验。本节课设置了很多生活中的情境，每个情境之后提出相应的问题。比如分别让一名男生和一名女生提水桶，女生没提起来，男生提起来了，自然引入成效这个问题，这样处理学生觉得没有太大难度。本节课还设置了学生水平推小车、举瓶子、背书包、踢足球等学生熟悉的情境，学生在真实的情境中完成实验，再从实验中找到问题的答案，同时也感受到了物理来源于生活。例如，为了检验学生是否掌握了做功的必要因素，教学中设计了这样的问题：你能不能找出举重过程分几个阶段？哪个阶段人对杠铃施加的力做功了？让一名学生旁白，一名学生表演，给大家讲解举重过程中做功的过程。这个问题的设计学生非常喜欢，讨论的积极性非常高，学生的思维也活跃起来，起到了很好的效果。

“问题链”教学法在初中物理概念教学中有很大的使用空间，例如，在进行密度、压强等物理概念教学时，这种方法的使用可以帮助学生自主建构物理概念。只有让每一个学生真正成为课堂的主人，参与课堂，及时得到课堂反馈，学生的问题学生解决，课堂才能真正地“活”起来。只有学生成为课堂的主人，才能有探索新知识的欲望，才能有不断获得知识的成就感，才能对物理概念有深刻的理解。

这种让学生自主建构的教学方法有效地促进了学生对功概念的认知，促进了学生思维品质的提升。教学过程中要始终将学生置于问题研究者、问题探索者的位置，让学生通过自己的思考和活动来解决问题，获取知识。学生一旦成为课堂的主体，就不会被动地接受知识，而是主动发现问题、提出问题、解决问题。这样可以让学生在学到知识的同时，发展智力，培养创造能力和开拓精神。

专家点评

概念是反映事物本质属性的思维产物。功这个物理量是用来描写力的作用效果的，是力对物体的空间累积效应，是物体运动状态变化的一种量度。本节课教师没有机械地给出功这个难以理解的概念，而是采用“问题链”教学活动，设计由浅入深、层层推进的问题，使学生逐步自我建构概念，让概念在学生脑海中丰富生动起来。需要注意，设计的问题不仅要从生活中来、要有趣，还要有一定的挑战性，通过辨析，加深学生对功的概念的理解，为后面的学习打下基础。

第六章

“以学生为本”的教学设计：初中化学

案例 5

九年级化学复习课“酸碱盐化学性质及其应用”

专家箴言

同类物质具有相似的化学性质。从物质类别的角度把握酸碱盐的化学性质及其相互间反应的规律，是酸碱盐化学性质教学的关键所在。

教学设计

一、课标要求分析

本节课要落实《义务教育化学课程标准（2011 年版）》（简称《化学课标》）一级主题“身边的化学物质”中的二级主题“生活中常见的化合物”。《化学课标》要求学生认识常见酸碱的主要性质和用途，了解食盐、纯碱、小苏打、碳酸钙等盐在日常生活中的用途。

初中阶段酸碱盐的化学性质这一内容涉及的物质间反应较复杂，且各反应相互交叉。本节课的重点是让学生能够根据酸碱盐相互反应的关系，书写出典型代表物之间发生反应的化学方程式，巩固对酸碱盐化学性质的认识，并能利用酸碱盐的化学性质解决实际问题。

二、学习内容分析

（一）学习内容

本节课的内容源自人教版九年级下册《化学》教材第十单元“酸和碱”和第十一单元课题 1“生活中常见的盐”。本节课为中考前的复习课，需将教材中两个单元的内容进行整合。核心复习内容为酸碱盐的化学性质以及它们之间的相互反应关系。

（二）学习内容特点及对应的策略方法

1. 难度大且趣味性不够

酸碱盐在《化学课标》中“身边的化学物质”主题属于最难的一部分。酸碱盐具有的化学性质较多，相互反应关系较复杂，涉及的化学方程式也较多。作为一节复习课，没有了新授课中化学实验的教学辅助，学生要面对如此复杂的知识，很难提起兴趣。因此，需要通过设计合理的学习活动，让学习活动形成链，以降低复习难度，提升复习课的趣味性。

2. 内容联系紧密

酸碱盐的化学性质不但繁多，还相互交叉联系。学习活动中让学生建立起酸碱盐相互反应关系，并运用和深化该关系解决复习课中的问题，以加强学生对酸碱盐相互反应关系的认识和应用。

3. 有价值

酸碱盐的化学性质与学生的生活密切相关，利用酸碱盐的化学性质能够解决生活中一些相关的问题。因此在设计学习活动时，利用与实际生活相关的素材，能够让学生认识到掌握酸碱盐化学性质及其相互反应关系的价值。

三、学生情况分析

学生之前接触过酸碱盐反应关系图，并且尝试独立画过该图，但独立、完整绘制该图并对该图进行分析对于大部分学生来说是有一定难度的。因此本课设计了个体绘图、小组交流、教师指导的学习活动，帮助学生搭建台阶，解决他们的困难。

学生能够根据已知反应准确书写化学方程式，但根据酸碱盐反应关系图书写相关化学方程式还没有一个有条理的思维顺序，容易漏写或错写化学方程式。老师要帮助学生梳理思维路径，让学生形成有序思维，提高根据酸碱盐反应关系图书写化学方程式的效率。

四、学习目标

（1）能利用酸碱盐的化学性质，建立起物质间相互反应关系。

（2）能依据酸碱盐相互反应关系，书写相关反应的化学方程式。

（3）能运用酸碱盐相互反应关系，解决较复杂的化学问题，如制定实验方案，判断酸和碱是否会与某物质发生化学反应。

五、学习重点

（1）建立完整的酸碱盐反应关系图，并利用该图有序地书写所有相关化学反应方程式。

（2）在酸碱盐反应关系图的基础上，运用图中的物质相互反应关系设计实验方案，识别并判断哪类物质能与酸和碱发生反应。

六、学习难点

能运用酸碱盐反应关系图设计实验方案，识别并判断哪类物质能与酸和碱发生反应。

酸碱盐反应关系图是本节课学生复习知识、解决问题的一个重要工具，因此运用酸碱盐反应关系图解决化学方程式的有序快速书写问题，以及运用该图解决实际问题是本课的重点。此外，将酸碱盐的典型代表物间的反应关系延伸至酸和碱能与哪几类物质发生反应，是由特殊到一般的归纳与提升，对学生来说比较有挑战，是本课的难点。

针对本节课的重难点，设计了两个突破措施：一是设计学习活动链，让学习目标有梯度地、循序渐进地达成；二是创设学生感兴趣的情境，提升学生学习兴趣。

七、学习流程

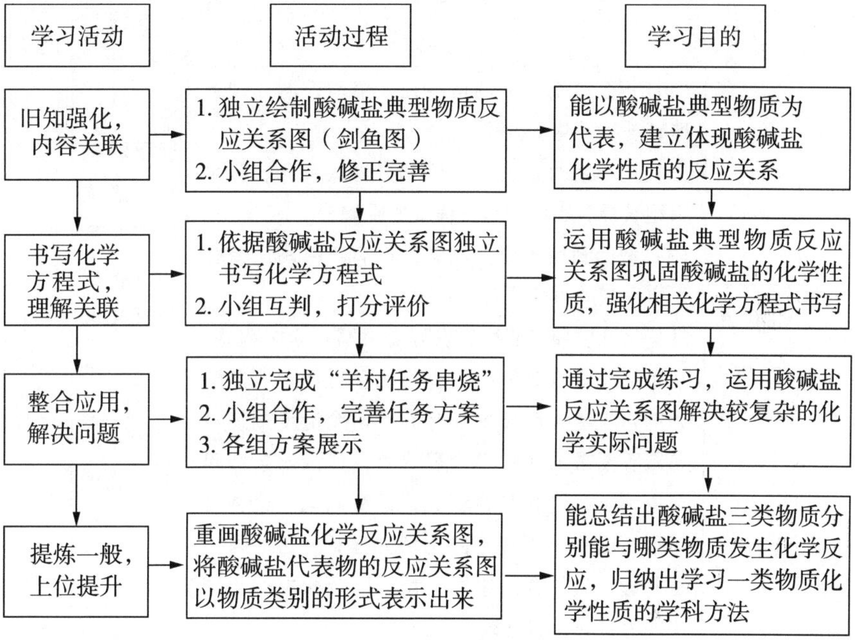

图 6-1-1 学习流程图

八、教学过程

表 6-1-1 教学过程表

教学步骤	SCL工具	教学过程	活动目标	时间安排（分钟）
旧知强化，内容关联	酸碱盐反应关系图	每个学生首先独立绘制酸碱盐代表物的反应关系图（剑鱼图），再通过小组合作，修正完善自己的剑鱼图，最终呈现的剑鱼图如下图所示：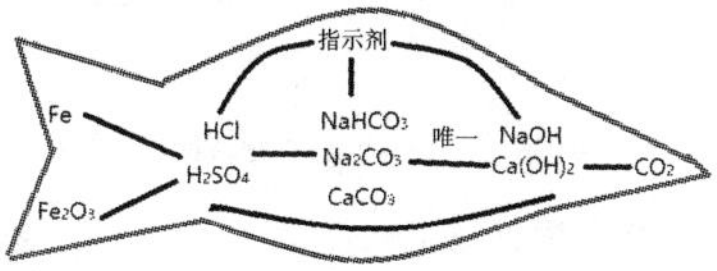	能利用酸碱盐代表物建立体现酸碱盐化学性质的反应关系。	5

续表

教学步骤	SCL工具	教学过程	活动目标	时间安排（分钟）
书写化学方程式，理解关联	化学方程式大比拼	（1）每个学生根据剑鱼图独立书写该图体现的酸碱盐相关化学方程式。 （2）以小组为单位进行化学方程式互判，各小组组长计算出所判组方程式的平均分。 （3）教师利用多媒体投影进行有序书写所有化学方程式的方法提升。 从化学性质最多的酸出发开始书写化学方程式，每条连线对应该物质的一条化学性质，以盐酸为例，与盐酸连接的线有五条，除指示剂初中阶段不要求书写化学方程式外，其余四条线可以书写出四个化学方程式，硫酸同理，这样就可以写出八个不重复的化学方程式。之后再根据与碱、盐的连线顺序，就可以轻松书写出图中所有的化学方程式。	运用酸碱盐代表物反应关系图，巩固酸碱盐的化学性质，强化相关化学方程式的书写。	13
整合应用，解决问题	“羊村任务串烧”	“羊村任务串烧”情境：青青草原的小羊们又遇到麻烦了，你能帮助小羊们完成以下四个任务，度过危机吗？ 每个任务对应的分值不同，每个学生首先独立完成四个任务，再进行小组讨论，最终以小组为单位进行展示。化学方程式大比拼中平均分最高的组有优先选择展示任务的权利。 （1）表演魔术，争取被营救时间 灰太狼抓住了懒羊羊和暖羊羊，懒羊羊和暖羊羊需要表演魔术让灰太狼开心，才能暂时不被吃掉。 【任务1】懒羊羊魔术任务：“小猫变色龙”。（10分） 如下图所示，一张洁白干燥的滤纸上有一只紫色的小猫，依次喷洒液体1和2。这只淘气的小	通过完成练习，运用酸碱盐反应关系图解决较复杂的化学问题。	25

续表

<table>
<tr><th>教学步骤</th><th>SCL工具</th><th>教学过程</th><th>活动目标</th><th>时间安排（分钟）</th></tr>
<tr><td>整合应用，解决问题</td><td>“羊村任务串烧”</td><td>猫就跟我们玩起“变色龙”游戏，一会儿变为红色，一会儿变为蓝色。请设计实验方案。

<table><tr><th colspan="2">魔术方案</th></tr><tr><td>无色液体 1</td><td>无色液体 2</td></tr><tr><td></td><td></td></tr></table>
【任务 2】暖羊羊魔术任务：“小猫捉迷藏”。（12分）在一张洁白干燥的滤纸上有一只紫色的小猫，依次喷洒无色液体 1 和 2。这只淘气的小猫就跟我们玩起“捉迷藏”游戏，一开始出现一只红色的小猫，然后将纸在空气中抖动，纸上的小猫消失了。请设计实验方案。

<table><tr><th colspan="2">魔术方案</th></tr><tr><td>无色液体 1</td><td>无色液体 2</td></tr><tr><td></td><td></td></tr></table>
（2）运输道具，营救村民
沸羊羊和喜羊羊要将营救大家的道具 H_2SO_4 和 NaOH 运送到灰太狼城堡周边，但运送需穿越山谷。灰太狼早已得知并设计了埋伏，企图将道具 H_2SO_4 和 NaOH 销毁（一旦遇到能与其发生化学反应的物质，道具将被销毁），请你在图中帮他们画出安全的运送路线。</td><td>通过完成练习，运用酸碱盐反应关系图解决较复杂的化学问题。</td><td>25</td></tr>
</table>

续表

教学步骤	SCL工具	教学过程	活动目标	时间安排（分钟）
整合应用，解决问题	“羊村任务串烧”	【任务 3】沸羊羊运输任务：穿越山谷运送 H_2SO_4。（15 分） 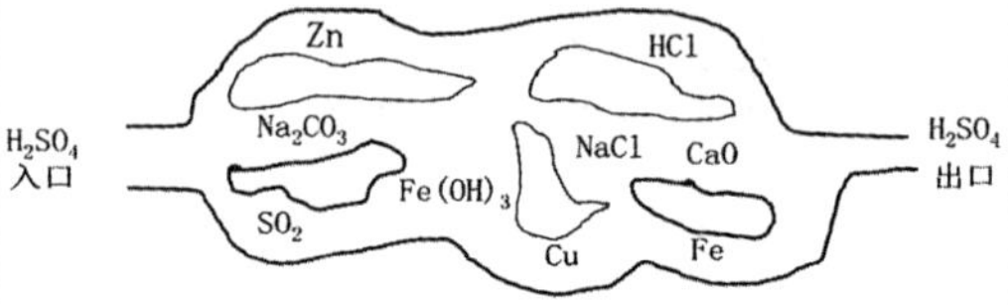 【任务 4】喜羊羊运输任务：穿越山谷运送 NaOH（请提供两条路线）。（20 分） 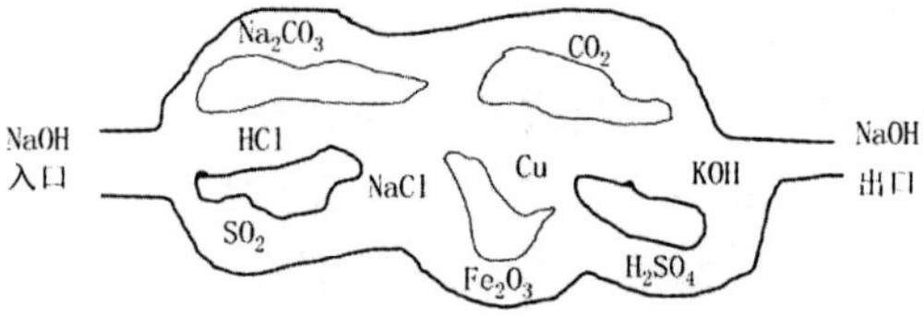 展示过程中，其他组的同学如有不同看法可以发表评论或进行补充，如果点评或补充的内容得到展示组的认可，可由原展示组给点评组进行加分。	通过完成练习，运用酸碱盐反应关系图解决较复杂的化学问题。	25
提炼一般，上位提升	升级版酸碱盐反应关系图	完成“羊村任务串烧”的过程涉及了一些并不在剑鱼图中的物质，学生也能够顺利判断出它们能否与硫酸或氢氧化钠发生反应，这就说明学生已经能够将酸碱盐代表物间的相互反应关系拓展到一类物质间的相互反应关系了。 师：我们能不能把酸碱盐代表物的剑鱼图改写成从物质类别角度出发的剑鱼图？ 由学生描述，教师在黑板上绘制升级版酸碱盐反应关系剑鱼图。 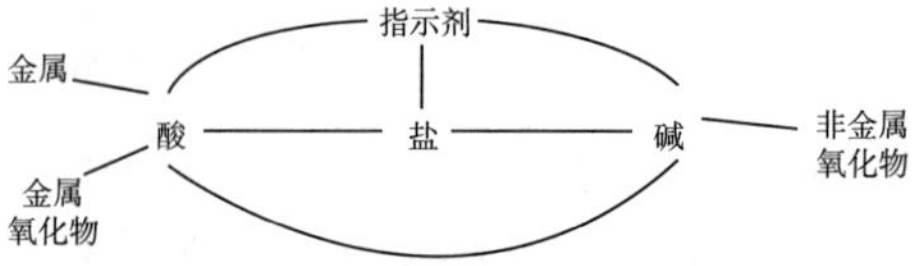 	能总结出酸碱盐三类物质分别能与哪类物质发生化学反应，归纳出学习一类物质化学性质的学科方法。	2

九、板书设计

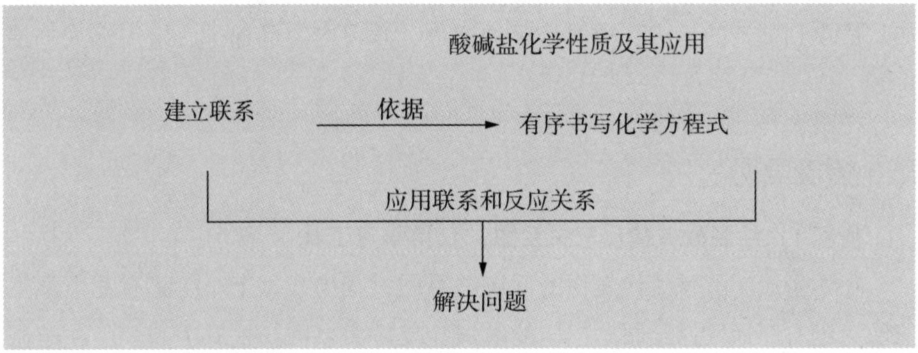

图 6-1-2 板书设计图

教学反思

“学习活动链”帮助学生突破初三化学学习难点

——以“酸碱盐化学性质”复习课为例

一、背景介绍

初中化学酸碱盐部分对学生来说难度最大的就是酸碱盐的化学性质及其应用。酸碱盐的化学性质涉及的化学反应较多，并且相互有交叉。本节复习课以酸碱盐反应关系图（剑鱼图）为重要工具，将复习目标定位在记忆、理解、应用三个层次。为了提升每个学生复习目标的达成度，将利用学习活动链展开复习。通过学习活动链的设计可以调动更多的学生参与到酸碱盐复习课的学习中，让课堂变得高效，同时也使课堂活动从枯燥变得生动，从而提升每个学生的学习效果。本节课充分体现“以学生为本”的原则，使用活动或资料激励、帮助、挑战学生，使学生积极参与到活动当中。

二、概念界定

学习活动链：指几个有递进关系的学习活动，活动间有一定的逻辑关系，如从简单到复杂的递进、学习目标的递进、学习内容的递进、组织形式的递进等。

三、情境呈现

情境 1：绘制酸碱盐反应关系图，获得学习工具

在学生绘制酸碱盐代表物的反应关系图过程中，每个小组都有几个学生能够思维有序地快速绘制出正确的酸碱盐反应关系图，也有个别学生在绘制过程中出现了一些困难。当教师指出绘制遇到困难的同学可以在组内求助的时候，有的学生翻开自己练习册中的答案进行自主订正，有的学生请教组内的其他同学，还有一些对自己绘制酸碱盐反应关系图很有信心的学生主动帮本组的其他同学进行检查和讲解。

情境 1 作用概述：酸碱盐代表物的反应关系图是落实本课学习目标的重要工具，绘制该图也是每个学生必须要掌握的技能，因此将此环节设计为本课的第一个任务，小步伐地落实好第一个目标，能够确保后续学习活动的顺利展开。

情境 2：化学方程式大比拼，实践应用

每个学生手里都拥有一张正确的酸碱盐反应关系图后，学生们就纷纷开始根据酸碱盐反应关系图书写其中包含的 17 个化学方程式，各组进行化学方程式大比拼。书写前教师告诉学生，这次书写化学方程式的成绩对每个小组最终的总成绩可能起到决定性作用，因此每个学生书写的时候都格外认真。

方程式书写完毕，组长收齐后交给另一个小组，小组间互判方程式，并由教师在黑板上写出各组化学方程式书写的平均分，该平均分作为这节课小组评价总分的一部分。在书写化学方程式的过程中，有一些学生没有写全化学方程式，或者重复写了两遍同一个化学方程式，于是教师利用多媒体呈现酸碱盐反应关系图，并带着学生梳理了有序书写化学方程式的思路。

情境 2 作用概述：本环节是在学生绘制的酸碱盐反应关系图的基础上展开的，体现了任务连贯性的递进和任务难度的递进，从学生书写化学方程式到教师针对如何有序书写化学方程式进行点拨，体现了活动组织方式先学生后教师的递进。

情境 3：“羊村任务串烧”，进行知识应用

拥有了学习工具，真正的挑战来了，学生将面临四个分值不等的“羊村任务串烧”。教师给学生介绍终极任务挑战的要求：（1）每组均需完成四个任务方案。（2）每组只展示一项任务方案。（3）其他组给展示组点评或补充，点评或补充良好的也可以获得相应的分数。（4）化学方程式大比拼环节积分高的组可以优先选择展示任务。

每个学生首先独立完成学案中的四个羊村任务，完成任务的学生才可以进行组内讨论。展示前的准备时间一共 10 分钟。

在展示阶段，有的小组选择推荐本组成员进行展示，有的小组通过组内抽签决定展示人选。在同组成员展示不够充分时，其他小组成员积极踊跃地进行抢答补充。

情境 3 作用概述：“羊村任务串烧”活动的设计不但充分考虑了学生的学习需求和爱好，还对学生的学习发起了挑战，思维要求更高。将此活动安排在这个环节，体现了学生思维水平的逐级递进。

情境 4：知识升华，形成方法

所有任务展示完毕，进入了总结提升环节。在完成羊村任务的时候，学生已经能够举一反三，从物质类别角度判断两种物质间能否发生化学反应，因此教师顺着学生的思路在黑板上绘制了一张从物质类别角度出发的酸碱盐反应关系图。

情境 4 作用概述：重画酸碱盐反应关系图，是对酸碱盐化学性质及其应用的提升，让学生在复习酸碱盐代表物化学性质及其应用的基础上，掌握梳理一类物质化学性质的方法，让整节课得到了升华。

四、聚焦分析

（一）分解学习目标，每个任务设置一个小目标

本节课共设计了四个学习活动，每个学习活动都对应一个小的学习目标。学生绘制酸碱盐代表物反应关系图的任务，对应能利用酸碱盐的化学性质建立物质间相互反应关系的目标。化学方程式大比拼的任务，对应能依据酸碱盐相互反应关系，书写相关反应的化学方程式的目标。“羊村任务串烧”任务，对应能运用酸碱盐相互反应关系，解决较复杂的化学问题，如制定实验方案、判断酸和碱是否会与某物质发生化学反应的目标。总结提升重画酸碱盐反应关系图的任务，是对能利用酸碱盐的化学性质建立物质间相互反应关系的一个升华。

本节课学习目标的达成对学生来说并不容易，但学习活动链的设计分解了学习目标，在完成每个学习任务时，学生都能够达成一个小目标，把原本难度较大的学习目标分解后，降低了目标达成的难度，对学生达成学习目标起到了很大的帮助作用。

（二）任务连贯性递进、任务难度递进

本节课所设计的四项学习任务从连贯性和难度上都存在着递进的关系。书写化学方程式要以酸碱盐反应关系图为依据；“羊村任务串烧”实际上是运用酸碱盐的化学性质解决较复杂的化学问题，即对酸碱盐反应关系图和化学方程式的应用；最后重画酸碱盐反应关系图是根据羊村任务中涉及的与酸碱盐相关的化学反应对酸碱盐反应关系的升华。因此，四个任务是一环扣一环的，每完成一项任务，都是为完成下一项任务打基础。四项任务从画反应关系图，到根据反应关系图书写化学方程式、解决实际化学问题，再到重画反应关系图，对学生能力的要求越来越高，任务综合度也逐渐递进，让学生从较容易的任务出发，逐步提升任务难度，以帮助每个学生在学习过程中都不掉队。

（三）活动组织方式递进

复习课中要体现以学生为本，不能是教师的一言堂，所以在整个复习课的学习活动中都是先学生自主思考，再小组合作，最后由教师进行点拨提升。

本节课的活动设计充分考虑学生的学习需求和爱好，使用活动来激励和挑战学生。比如，书写化学方程式对学生来说是简单的，思维水平较低的，但快速有序地书写出所有酸碱盐反应关系图中相关的化学方程式对很多学生来说是有难度的。因此在化学方程式大比拼的环节，将书写化学方程式、评定化学方程式对错全盘交给学生完成，而在如何写全化学方程式的问题上，培养学生有序的思维方式比单纯书写化学方程式更重要。学生自己形成有序思维并不是件很容易的事，于是需要由教师给学生进行方法性的点拨。教师在复习课中起到的是穿针引线的作用，该放手的地方需要给学生充足的空间去展开活动，而学生需要帮助的时候，教师就应该及时站出来进行点拨和指导。

（四）给学生创造独立学习的机会，让学生成为学习的主人

学习活动链以问题解决为主线，学生在每个学习活动中都是先独立思考，再小组合作，有难度的学习活动还增加了组间点评和互助。在本节化学复习课上，每个学习活动先让学生进行独立思考，可避免直接小组合作带来的人云亦云，最终不知所云的结果；而小组内部解决不了的问题，需要借助更多人的智慧时，组间的点评和互助能够更高效地解决个人和小组无法解决的问题。

“以学生为本”的原则指出要鼓励学生独立学习，复习课的目的更多的是让学生独立完成某些任务，为独立解决考试中遇到的问题打好基础。在复习课中，必须有一个学生独立思考的过程，在这个过程中，学生或是完全能够自己解决问题，或是能够发现自己在知识上或思维上的障碍点。

在绘制酸碱盐代表物的反应关系图、书写化学方程式活动中，每个学生都是首先独立完成，再进行组内互助。在进行“羊村任务串烧”的活动中，虽然每个小组最终只进行了其中一个任务的展示，但在任务展示之前全体学生将所有的羊村任务都独立进行了思考并写出了自己的答案。这样的活动形式才能够保证每个学生在复习课中都积极进行思考，避免了小组协同学习的过程中，成绩好的学生一直主导全组同学的思维，成绩差一些的学生来不及思考就从别人口中得到了答案的现象。

通过对复习课学习活动链的设计，学生在每个活动环节的独立思考都能够为后面的小组讨论做出贡献，且学生思考后的结果主要是在组内进行分享，这样可以消除学生在全班同学面前回答问题的畏惧感，即便答错了也不用担心丢面子。相反如果自己的想法得到了组内同学的认可，对自己的学习会有很大的鼓舞。而如果自己的想法和组内大多数同学的想法不完全一致，甚至自己没有什么好的思路，也可以在小组讨论时倾听本组同学的想法，突破自己的思维障碍。这样的学习活动和学习氛围会让学生感到很舒服，从而更加愿意参与到每个学习活动中去。因此，鼓励学生独立学习并不意味着所有问题都抛给学生自己独立去解决，而是希望学生能够在独立学习的基础之上，再通过多种途径获得更多的知识和经验，而不是老师给什么就接受什么。

学习活动链的设计增强了学生化学复习课的兴趣，学生积极参与到整个学习过程中。整堂课既留给了学生独立思考的空间，又给学生提供了提出自己的想法的展示机会，解决了学生运用化学知识解决实际问题的难点。这样的复习课让每一个学生的思维在不停运转的同时也享受到了复习课的乐趣，每一个学生都会有所收获，因此也就达到了保证复习课中每一个学生都不掉队的目的，突破了学生学习的难点。同时，学习活动链起到了激励、帮助、挑战学生的作用，课堂上教师主要进行的是各活动规则的说明和对学生展示内容的适时点拨工作，成为学生学习的促进者。

专家点评

“酸碱盐化学性质及其应用”是初三化学教学的重要内容，也是学生学习的难点。对此，本课采取的主要策略如下：一是合理组织教学内容，引导学生从物质类别的角度来理解酸碱盐的化学性质及相互间的反应关系，并以此作为指导分析和解决相关问题的方法工具；二是采取层层递进的学习活动链，让学生整理知识，经历将知识结构化、运用知识解决问题的全过程，较好地体现了“以学为本”、将知识复习与发展学生能力相结合的教学思路。

案例 6

九年级化学实验课“干冰与澄清石灰水反应的探究”

专家箴言

化学实验是学生学习化学的重要途径和方式，精心设计和有效组织实验探究活动，对于增进学生的知识理解、启迪学生的科学思维、培养学生的科学态度等有着极为重要的作用。

教学设计

一、课标要求分析

本节课着重落实《义务教育化学课程标准（2011 年版）》（简称《化学课标》）中“认识常见碱的主要性质”“了解用酚酞检验溶液酸碱性的方法”“能在教师指导下根据实验需要选择实验药品和仪器并能安全操作”的要求。碱的相关性质的学习与应用是初中化学学习阶段非常重要的内容之一，同时也是今后学习“生活中常见的盐”的基础。按照《化学课标》中的要求，学生需要达到“能认识常见碱的主要性质”的认知水平，需要在实验探究的基础上进行分析，从而归纳出碱的相关性质并加以运用。

二、学习内容分析

本节课根据人教版九年级下册《化学》教材中第十章“酸和碱”下的“常见的酸和碱”进行设计。本节课的内容有以下几个特点。

（1）创新性实验提升了学生的学习兴趣。本节课是一节中考前复习课，内容既是对二氧化碳气体与澄清石灰水的反应，以及酸碱指示剂等相关知识的应用与复习，又是对这部分内容的总结与提升。在传统复习课中，学生的主体地位得不到体现，教师总是将整理好的知识网络直接灌输给学生，留给学生的主动学习的时间少之又少。同时，教师让学生在题海中拼命做题，以为熟能生巧，但实际上学生常常觉得枯燥乏味，复习效率低。为了转变这样的复习模式，可利用创新性实验探究将相关知识点进行整合，在此过程中让学生猜想并亲自动手实验，自己总结得出结论，从而温故知新，提高分析问题和解决问题的能力。

（2）小组合作建立生生互动平台。本节课中的创新性实验是干冰与澄清石灰水反应的探究。该实验是课本中没有的实验，且在实验过程中会出现“澄清石灰水先混浊后澄清”的意外现象，学生在进行实验和分析的过程中难度较大，因此小组合作的学习模式促使学生间相互沟通、碰撞，有效地解决组内不同意见，达成共识。

（3）化学实践能力提升。本节课的重点和难点是提升学生对于结构与性质之间关系的认识，为学生学习构成分子相同而分子间隔不同的这一类物质提供学习方法，以及培养学生对干冰与澄清石灰水反应的再学习能力。本节课将通过一系列的环节，引导学生通过化学实践，得到理性认知，最终将所学知识进行应用，从而达到三维教学目标的整合，与此同时促进学生化学学科素养的发展。

三、学生情况分析

初中学生思维活跃，对未知世界充满好奇，乐于完成富有挑战性的任务，喜欢将所学知识和已有经验、生活实际相联系，愿意表达自己的观点，喜欢亲身体验，在解决问题的过程中获得知识，感受成功。

在此之前，学生已经详细学习了二氧化碳与常见的碱的有关反应与性质，并且对干冰有了一定的了解，因此，在学习本节课的时候，学生具备了基本的知识和技能。在教学过程中需要注意适度的引导与指导，为学生搭建台阶，从而使学生更好、更快地学习新知识。目前学生已具备一定的观察、比较、分析、归纳等能力，但还需要巩固和提高，特别是学生应用化学知识解决实际问题和处理信息的能力，更需要进一步培养。因此，本节课在教学方法上要体现“以学生为本”的教学理念以及实验探究、小组合作等教学策略和特点。

四、学习目标

（1）能完成一些简单的化学实验，通过探究干冰与澄清石灰水的反应，经历科学探究的基本过程，在此基础上能说出干冰的物理性质和化学性质，认识干冰与澄清石灰水的反应，描述所观察到的实验现象，分析实验现象，得出较为科学的结论，并写出相关的方程式。

（2）通过对比分析，深入认识结构与性质间的关系，从而掌握分子构成相同而分子间隔不同的这一类物质的学习方法。

（3）通过学习，培养和增强对生活与自然界中化学现象的好奇心和探究欲，拓展学习化学的兴趣，体会到合作与交流是一种重要的学习方法。

五、学习重点

【重点】干冰与澄清石灰水的反应原理。

【依据】学生对干冰的物理性质有一定的了解，并且已经学习了二氧化碳气体与澄清石灰水的反应以及酸碱指示剂等相关知识，但学生的这些知识储备不足以解决过量的二氧化碳与澄清石灰水反应这一问题。解决该问题的过程既是对相关知识的应用与复习，又是对这部分知识的总结与提升，同时可以提高学生科学探究的能力，促进学生化学学科素养的发展。

【重点落实措施】充分调动学生的原有认知，通过实验探究以及提供小资料的方法，促使学生分析过量干冰与澄清石灰水反应的原理。

六、学习难点

【难点】构成分子相同而分子间隔不同的这一类物质的学习方法。

【依据】学生已经掌握了同种分子化学性质相同这一概念，但同种物质在不同状态时物理性质不同的微观原因是学生学习的盲点，同时学生对构成分子相同但分子间隔不同的这一类物质的相关知识没有系统的学习方法。

【难点突破措施】引导学生从微观角度分析，二氧化碳气体和干冰分别与澄清石灰水反应时，为何现象有相同之处和不同之处，并通过举例和播放相关视频，让学生分析液氧所具有的性质。

七、学习流程

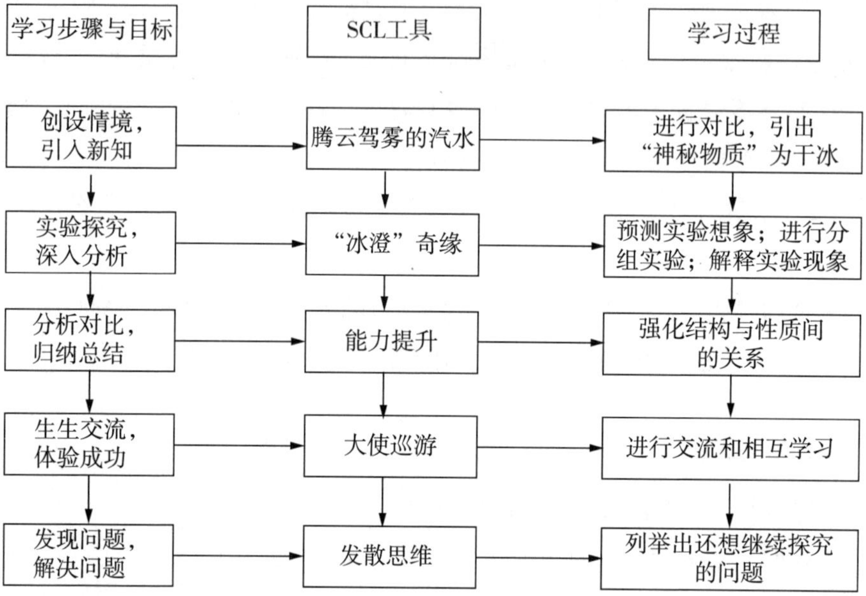

图 6-2-1 学习流程图

八、教学过程

表 6-2-1 教学过程表

教学步骤	SCL工具	教学过程	活动目标	时间安排（分钟）
创设情境，引入新知	腾云驾雾的汽水	1. 自制碳酸饮料和我们在超市买的碳酸饮料有什么区别？请两名学生分别打开教师提前准备好的两瓶饮料。 2. 向自制碳酸饮料中加入一种神秘的白色固体。 3. 如果把干冰放在我们熟悉的澄清石灰水中会有怎样的现象？同学们为什么这样推测呢？你们的推测是否正确呢？让我们一同进入今天的学习——“干冰与澄清石灰水反应的探究”。	与开放性科学实践活动相结合，引起学生的学习兴趣。帮助学生回忆原有知识，充分利用学生的原有认知。	3

续表

教学步骤	SCL工具	教学过程	活动目标	时间安排（分钟）
实验探究，深入分析	“冰澄”奇缘	1. 下图反映了该实验的具体过程，学生以小组为单位进行讨论，推测出会产生怎样的实验现象。 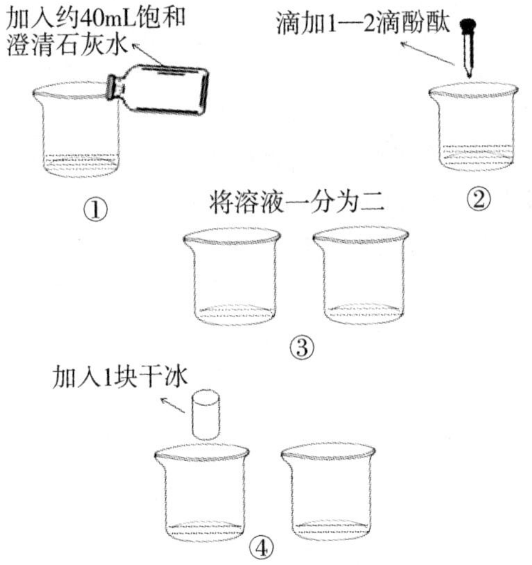 2. 学生以小组为单位进行实验，总结归纳出整个实验过程中所观察到的实验现象。 3. 为什么会产生这样的实验现象？（学生解答问题时，出现无法解释的地方，教师给出相关的信息予以帮助。） 4. 除了用文字解释产生实验现象的原因，还可以用化学方程式来进行解释。你能根据小资料书写出相关的化学反应方程式吗？ 5. 你能用图像的形式再次解释产生实验现象的原因吗？	培养学生观察实验的能力和分析能力。通过学生自主探究归纳得出干冰与澄清石灰水的反应原理，使学生学会用文字、化学反应方程式和图像三种方法进行现象描述。	28

续表

教学步骤	SCL工具	教学过程	活动目标	时间安排（分钟）
实验探究，深入分析	“冰澄”奇缘	6. 设计一个实验，要求能看到二氧化碳气体使澄清石灰水先混浊再澄清。（播放提前录制的视频，学生归纳实验现象。）	培养学生观察实验的能力和分析能力。 通过学生自主探究归纳得出干冰与澄清石灰水的反应原理，使学生学会用文字、化学反应方程式和图像三种方法进行现象描述。	28
分析对比，归纳总结	能力提升	1. 对比二氧化碳气体和干冰分别与澄清石灰水反应的现象。为什么两者与澄清石灰水反应既有相同的实验现象又有不同的实验现象？ 2. 学习分子构成相同、分子间隔不同的这一类物质的学习方法，比如水、冰和水蒸气，氧气、液氧和固态氧等，利用对比的学习方法，通过原有认知，根据结构的异同，分析物质性质的异同，从而获得新的知识。	对所学知识进行进一步的归纳总结与提升。 通过分析归纳得出分子构成相同、分子间隔不同的这一类物质的学习方法。	5

续表

教学步骤	SCL工具	教学过程	活动目标	时间安排（分钟）
生生交流，体验成功	大使巡游	1. 思考学到了什么或者有哪些想法和感悟，并书写在白纸上。 2. 各组的“大使”到其他小组进行交流，并将白纸上的内容补充完善。	使学生感受到通过学习可以掌握更多的知识。加强学生间的相互交流与学习。	5
发现问题，解决问题	发散思维	1. 对于今天学习的内容，还有哪些想要关注和探究的问题？ 2. 以小组为单位上交一份探究方案（实验报告或手抄报均可，形式不限）。	激发学生的发散思维，促使学生发现问题、解决问题。	2

九、板书设计

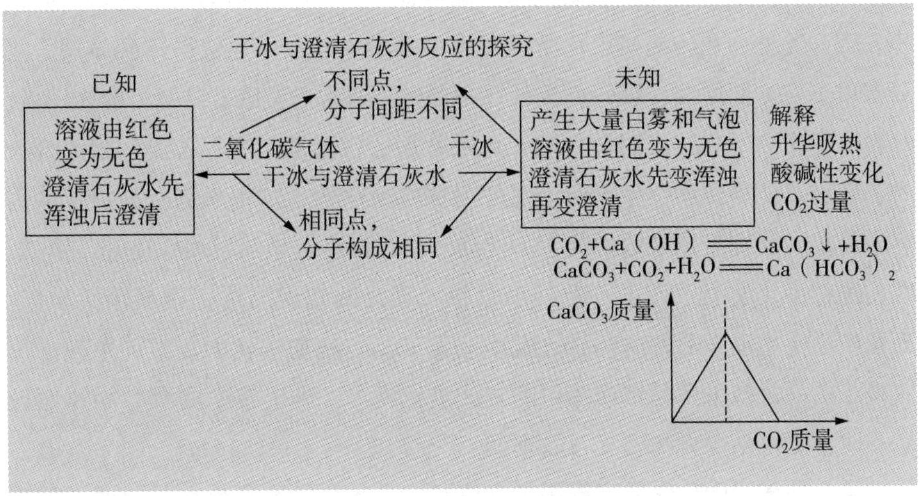

图 6-2-2 板书设计图

⊙教学反思

创新性实验使学生在化学课中积极参与学习

一、背景介绍

自 2014 年 8 月 25 日起，我校全体教师在北京教育学院余新教授的带领下学习了“以学生为本”的教学理念。该理念主张在教学过程中以学生为本，在教学内容上以经验为中心，在组织形式上以活动为中心，而这些教学原则与理念正与我国义务教育阶段改革发展目标高度一致。在学习了“以学生为本”的教学理念的相关内容并参加了相关课程的培训后，我将相关的理论知识运用到教学实践当中。

通过对学生的访谈我了解到，学生认为复习对自己学好化学有着极大的帮助，十分渴望通过复习进一步巩固和提高化学的学习水平。但在传统初中化学复习课中，学生的参与程度较低，大多数学生只有在教师点名提问时才发言，仅有少数学生能够主动参与到复习课中，更有个别学生在复习课时从不发言。此外，在传统初中化学复习课中，学生的主体地位得不到体现，主要有以下三方面原因：第一，教师在备课时，通常只考虑需要复习的知识点，却没有考虑到不同层次的学生对知识点掌握的情况不一样。若设计的内容较难，就有可能导致学困生不能通过复习课将所学知识加以巩固；若设计的内容较简单，就有可能导致学优生不能通过复习课将所学知识加以提升。第二，在传统初中化学复习课上，教师总是将整理好的知识网络直接灌输给学生，而留给学生主动学习的时间少之又少。第三，传统初中化学复习课中教学形式过于单一，多采用总结或练习的方式进行复习，学生在“题海”中拼命做题，时常觉得枯燥无味，复习效率低。

结合传统初中化学复习课中的教学现状，如何提高学生在复习课上的积极性并提高复习课的有效性变得尤为重要。为了改变传统教学方式，本节课结合“以学生为本”的教学理念，运用创新性实验进行了一些新的尝试。

二、概念界定

创新性实验是以有利于学生学习与发展为本，以提高综合运用知识的能力为出发点，教师根据具体的教学情况及所要达到的教学效果将书本中的原型实验进行微型化改进、生活化改进、探究型改进后的实验。设计创新性实验时要遵循科学性、实用性、简约性、安全性、环保性和创新性的原则。在初中化学复习课中应用创新性实验进行教学比用书本中的原型实验进行教学更有利于学生知识结构的建立与能力的培养，更有利于激发学生学习的积极性和自主性，学生在实施创新性实验的过程中主动进行实验现象的推测和实验操作，主动分析实验现象产生的原因，交流反思，更好地通过化学实验学习化学。

在尝试中发现，创新性实验改变了传统初中化学复习课中的教学现状，推动了研究性学习和个性化培养的教学方式，进一步提高了教学质量。创新性实验使学生积极主动地参与到学习中，充分调动了学生思维的积极性，活跃了课堂氛围，提高了学生多方面的能力，使被动的接受变为主动的获取。接下来以“干冰与澄清石灰水反应的探究”这节课为例谈一谈创新性实验如何使学生在初中化学复习课中积极参与学习。

三、情境呈现

学生在初三化学课上学习了二氧化碳的相关内容后，对干冰这种物质产生了极大的兴趣，当学生学习了碱的相关性质后，便提出了一个大胆的猜想：如果把干冰放入我们熟悉的澄清石灰水中会有怎样的现象呢？

为了解决学生的问题，提高学生的多方面能力，并对相关知识进行整合，我将学生提出的问题进行改进，设计了“干冰与澄清石灰水反应的探究”这节课。这节课中的创新性实验便是干冰与澄清石灰水的反应，在教学流程中的“实验探究，深入分析”环节进行了该项创新性实验，现就该环节进行情境再现。

情境一：

教师：PPT 上所展示的是干冰与澄清石灰水反应的实验图（见图 6-2-

3)，请同学们以小组为单位推测该实验会产生怎样的实验现象。

学生 1：加入酚酞后烧杯中的溶液变为红色，图 6-2-3 中的图④加入干冰后烧杯中的溶液由红色变为无色，有气泡产生，溶液变混浊。

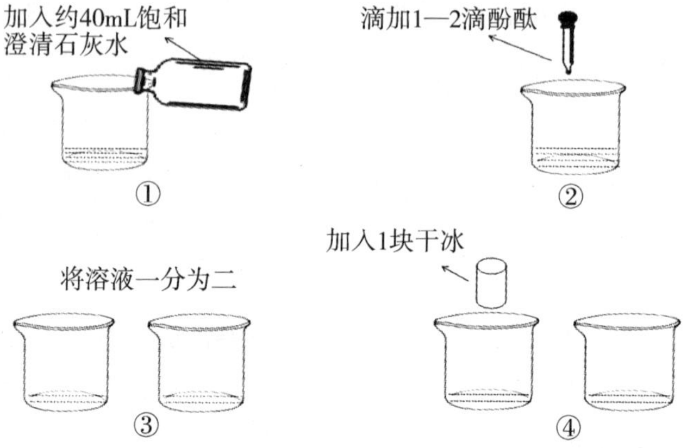

图 6-2-3　干冰与澄清石灰水反应的实验图

效果与反思一：

各小组展开了热烈的讨论，每个学生都表达了自己的想法，充分调动了他们的原有认知，在相互沟通、交流、碰撞、修正的过程中达成了较为统一的结论。由此可见依据原型实验开展创新性实验，可以充分调动学生的原有认知，使学生在实验操作、分析原理的过程中复习已有知识，并在此基础上获得提升。干冰与澄清石灰水这一创新性实验不仅使学生复习了之前所学习的酸碱指示剂、碱的化学性质、实验基本操作等相关知识，又在此基础上使学生学会了过量二氧化碳与澄清石灰水的反应原理及分子构成相同但分子间距不同的这一类物质的学习方法。

情境二：

师：同学们的推测是否正确且全面呢？接下来让我们以小组为单位进行该项实验并仔细观察实验现象。

师：你们在实验过程中观察到了哪些实验现象？

生 2：滴加酚酞后溶液变为红色，加入干冰后溶液由红色变为无色，有气泡生成，澄清石灰水先混浊后澄清。

师：其他组有补充吗？

生3：加入干冰后有大量白雾生成。

师：同学们观察得非常仔细，请问同学们，为什么在操作过程中要把烧杯中的溶液一分为二？

生4：进行对比。

效果与反思二：

在实验操作环节学生的参与度极高，他们用手感受着白雾的生成，目不转睛地观察着澄清石灰水的变化。在实验中出现了“意外”的实验现象，澄清石灰水居然先混浊后澄清了。这个“意外”的实验现象打破了学生的固有思维，使学生产生了疑问的火花，促使学生进一步思考与分析。由此可见创新性实验培养了学生的动手实践能力，因为在创新性实验中，教师要充分发挥学生的主体地位，给学生充分动手实验的机会，凡是学生能够做的实验，尽可能让学生动手操作。在本节课的教学中，不仅让学生亲自进行干冰与澄清石灰水反应这一实验，培养了学生的动手实践能力，同时以小组形式进行实验，培养了学生的合作能力，学生通过在实验中交流与沟通，可以熟练掌握实验的操作技能并深化对相关知识的理解。教师可边提出要求边指导学生进行实验，让学生在实验中观察现象并得出结论。

情境三：

师：你能利用学过的知识解释一下产生这些实验现象的原因吗？

生5：产生白雾是因为空气中的水蒸气遇冷液化成小水滴。产生气泡是因为干冰升华产生二氧化碳气体。

生6：酚酞颜色的变化是因为刚开始有碱性物质，所以显红色，加入干冰后碱性物质被消耗所以显无色。

师：澄清石灰水先混浊后澄清是什么原因呢？看来这是同学们的难点，老师在这里提供了小资料，请你们阅读资料，看看能否找到答案。

生7：是因为干冰升华产生大量的二氧化碳，二氧化碳与澄清石灰水反应产生碳酸钙沉淀，所以澄清石灰水先变混浊，随后过量的二氧化碳又与碳酸钙沉淀反应生成可溶于水的碳酸氢钙，所以石灰水变澄清。

师：同学们能否根据小资料书写出反应过程中相关的化学反应方程式呢？

学生独立思考，认真地进行相关化学方程式的书写，随后一名学生进行板书。

生 8：$CO_2 + Ca(OH)_2 = CaCO_3\downarrow + H_2O$；$CaCO_3 + CO_2 + H_2O = Ca(HCO_3)_2$。

师：同学们能不能用图像的形式再次解释产生实验现象的原因呢？

生 9：因为 $CaCO_3$ 的质量随 CO_2 的增大先增多后减少，直到最后消失，因此我所画的图像是这样的（见图 6-2-4）。

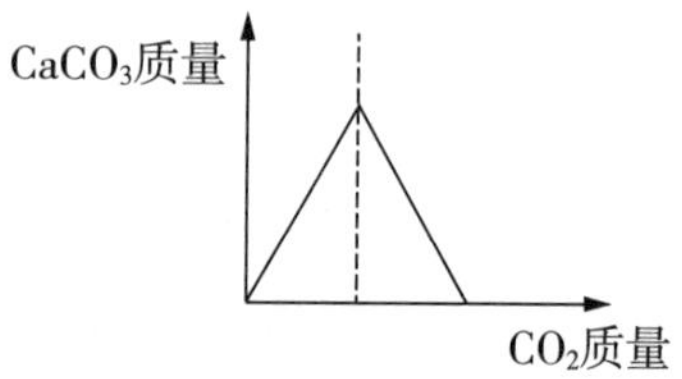

图 6-2-4　$CaCO_3$ 的质量变化图

效果与反思三：

学生运用原有认知解释产生相关现象的原因，充分调动了学生学习的积极性，使学生将相关知识进行运用，解决了实际问题。“意外”实验现象——澄清石灰水先混浊后澄清是学生学习的难点，为了帮助学生突破这一难点，我给学生提供了小资料，帮助学生学习，同时培养了学生的阅读能力、对信息进行提取与加工的能力。学生通过阅读小资料，找到了问题的答案，产生了获得感和成就感。根据以往的教学经验，学生对实验现象的解释多为语言，为了弥补这一不足，此环节让学生以化学方程式和图像的形式再次解释产生该实验现象的原因，由此学生掌握了文字、化学方程式、图像三种解释实验现象的方法。可以说创新性实验可以促进学生化学学科素养的发展，例如在本节课中，学生在进行干冰与澄清石灰水反应这一实验的过程中建立了结构决定性质的观念，学会了运用多种模型描述和解释实验现象，以及利用各种证据进行分析推理，提高了实验探究的能力。

分析得出了干冰与澄清石灰水的反应原理后，我进一步提出疑问，之前我们学习二氧化碳气体与澄清石灰水反应时为什么没有看到澄清石灰水先混浊后澄清的现象呢？我鼓励学生根据之前的分析设计实验方案。在总结归纳出所有的现象后，我让学生从微观角度分析两者与澄清石灰水反应时为何现象有相同之处和不同之处，从而使学生的关注点从宏观走向微观。

四、反思分析

化学是一门以实验为基础的科学，让学生亲身实验探究能达到事半功倍的效果。创新性实验是化学教学的重要组成部分，有助于激发学生的学习兴趣，使学生积极参与学习。在初中化学复习课中可以让学生亲自设计并实施实验方案。学生通过亲身经历，体验实验活动，能够在实验探究过程中提升自身的实践操作能力、创造力以及综合素质。

教师在实验教学中可以根据教学的需要，将教材中一些实验现象不够明显、耗时长、有污染、思维水平较低的常规实验进行改造，以启发学生进行思考，激发学生的创新欲。例如，在本节课的教学中，干冰与澄清石灰水这个创新性实验就是基于课本中检验二氧化碳这一原型实验改编而来的，并且和后续要学习的相关知识进行了整合。虽然学生对干冰、澄清石灰水这两种物质都不陌生，但将两者结合起来进行对比分析学生就会觉得非常特别，因此很好地激发了学生的实验兴趣。掌握化学基础知识的目的之一是解决实际问题，通过创新性实验不仅可以验证知识的科学性，还可以提高学生对知识的实际运用能力和对知识的再创造能力。

总之，在初中化学复习课中根据教学的内容特点对某些实验进行重新设计和改进，既能培养学生求异创新的精神，激发学生学习化学的兴趣，又能促进学生对知识的理解和掌握。创新性实验充分调动了学生的主动性和积极性，多维度培养学生实验探究的能力，激发了学生学习的兴趣和热情。

“以学生为本”的教学理念激发了学生学习的自觉性和积极性，课堂教学由原来的教师教学生的单向教学模式变为教师的教与学生的学并行的双向活动。同时“以学生为本”的教学理念给教师提供了更加丰富的教学内容和方法，对发展学生的能力、加强学生的素质教育、提高学生的化学学科素养起到了极大的作用，科学、合理、有效的教学活动使原本枯燥无味的初中化学复习课变得津津有味，学生通过创新性实验不断地参与到教学中，体验化学和生活之间的联系。

专家点评

“干冰与澄清石灰水反应的探究”复习课是基于中考化学复习任务与学生的认识发展需要而设计的，有以下两个主要特点。

一是教师设计的创新性实验不仅注重调用学生已有的关于二氧化碳与水反应的知识经验，而且在此基础上有新的认识和能力发展点，改变了以往复习课中知识罗列、练习题堆砌、反复机械训练等做法，有利于促进学生的知识整合与能力提升。

二是利用实验创设问题情境并使之贯穿教学的始终。通过对宏观实验现象的观察分析、微观反应原理的解释论证、设计实验解决实际问题等层层递进的学习任务，让学生“浸入”到探究活动中，不仅较好地发挥了实验的功能价值，而且彰显了复习与激发学生学习兴趣、发展学生能力相结合的教学思路。

第七章

“以学生为本”的教学设计：初中生物

案例 7

八年级生物学新授课“转基因技术及其应用”

专家箴言

运用“问题接力”学习活动工具的课堂教学设计与实施过程，既能促进学生建立生物学科核心概念，感悟理解科学、技术与社会的关系，又能提升学生的信息处理能力，习得应对信息社会有价值的思维方法。

教学设计

一、课标要求分析

《义务教育生物学课程标准（2011 版）》（简称《生物学课标》）中要求帮助学生形成的与本节课内容相关的重要概念为：现代生物技术（克隆、转基因技术等），该技术已被用于生产实践，并对个人、社会和环境产生了影响。本节课着重落实此重要概念中的子概念之一——转基因技术。学生通过本节课的学习，了解转基因技术的流程，认识到此项技术已经广泛应用及其对生产生活的影响，提升信息处理的能力，客观看待技术应用的态度。

二、学习内容分析

本节课是北京版生物学教材八年级下册《生物技术》一章的最后一课时，也是初中生物学教学中的最后一课时，是对前面学习的一个总结，同时也是一个开放性的结束。本节课的核心内容是“生物技术的应用和影响”，既能激发学生进一步了解生物学知识的兴趣，又对高中生物科学的学习有承上启下的作用。本节课有助于学生理解科学、技术与社会的相互关系。要让学生构建“转基因技术已被广泛应用并产生深远影响”这一核心认识，就需要为其提供大量的事实资料，这就是本节课内容的特点。以往的教学常常是教师照本宣科，学生抄抄笔记，学生不能真实感受到新技术对自己生活的影响，更不用说发展科学素养了。为了解决这个问题，本节课首先以“头脑风暴”的方式导入，激发学生的学习热情；然后，用“问题接力”帮助学生理清思路，构建概念；最后，以“头脑风暴”的形式结束，帮助学生打开思路，对整个初中生物学的学习有一个开放性的结束。

三、学生情况分析

关于本节课的内容，不同学生的生活经验和已有知识差异较大，学生经过以前的学习，知道除病毒外的所有生物均由细胞构成，细胞内有遗传物质——DNA（脱氧核糖核酸），基因是包含遗传信息的 DNA 片段，基因控制性状，同时学生也在调查中了解到生活中有转基因食品的存在。但由于转基因技术的原理对初中学生来说比较抽象，学生不了解转基因技术的操作流程，同时由于自身生活经验和已有知识的局限性，学生对转基因技术的应用认识较为模糊；而且由于媒体报道的影响，学生缺乏对生物技术对人类生产生活影响的客观认识。

基于已有的学习经验，学生能够完成调查活动，并且具备了分析资料、得出结论的能力，但在复杂繁多的信息中快速提取信息的能力有待提升。

四、学习目标

根据《生物学课标》的要求和学生的实际情况，本节课的学习目标是：

（1）通过整理和分析资料，说出转基因技术的操作流程，并举例说出转基因技术的应用。

（2）关注现代生物技术对人类生活和发展的影响。

（3）初步形成客观看待新技术的态度。

（4）提升整理和分析信息的能力以及表达信息的能力。

五、学习重点

根据《生物学课标》的要求和教学内容分析，本节课的教学重点为能说出转基因技术在生产和生活的各个领域中的应用。将 SCL 工具中的“问题接力”应用于学生活动中，可以有效帮助学生落实本节课的重点学习内容。

六、学习难点

根据学情和本节课的学习目标及教学重点，确定本节课的教学难点是：提升学生从多个事实资料中，提取有效信息并进行分析整理的能力；帮助学生初步形成客观看待新技术的态度。应用 SCL 工具库中的“大使巡游”和“问题接力”两个工具，可以帮助学生突破难点。

七、学习流程

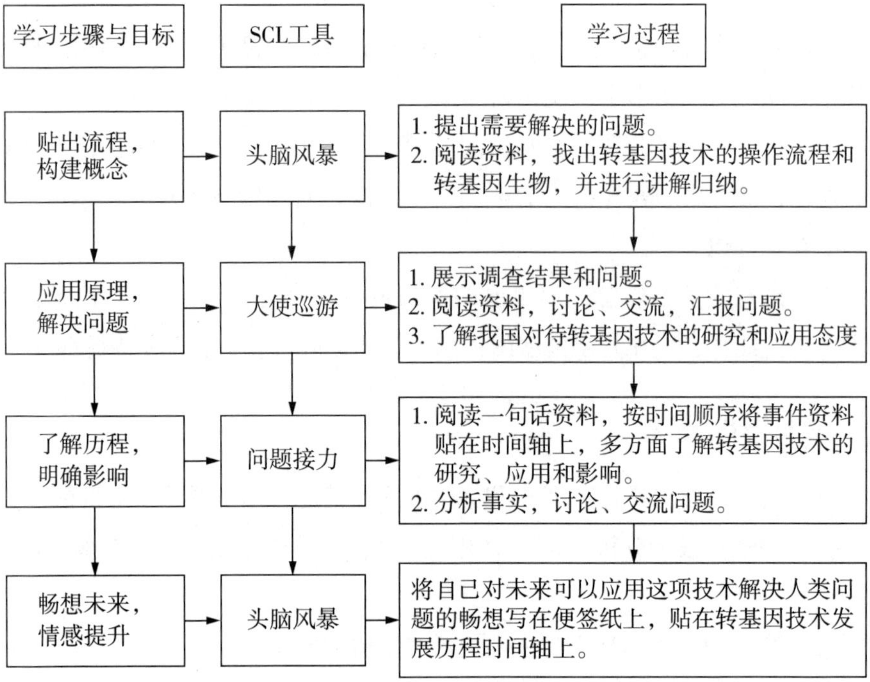

图 7-1-1　学习流程图

八、教学过程

表 7-1-1 教学过程表

教学步骤	SCL 工具	教学过程	活动目标	时间安排（分钟）
课前准备	市场调查	1. 完成问卷。 2. 完成关于生活中的转基因食品的调查。 3. 收集浏览与转基因技术有关的新闻。	学情调查，获得对转基因产品的感性认识，提升收集信息的能力。	30
导入	头脑风暴	1. 了解传统胰岛素的获取方法及产量，分析糖尿病患者和胰岛素之间的供求关系。 2. 思考并回答：亟须解决的问题是什么？	激发学习的兴趣。	2
转基因技术的原理和流程	大使巡游	1. 贴出科学家获得转基因大肠杆菌的操作过程。 2. 去其他组游学，本组留下一名学生用简短的语言描述步骤与过程。 3. 教师归纳总结转基因技术的操作流程，学生倾听理解并记下笔记。 4. 思考并回答：科学家为什么选择大肠杆菌生产胰岛素？	了解生产技术流程。构建转基因生物形成的一般步骤，理解转基因技术在生产药物中的应用原理。	8
转基因技术的应用	国际会议	1. 阅读“抗除草剂大豆的身世之谜”和“转巴西坚果基因大豆研究被终止”的资料。 2. 分析思考以下问题： （1）转基因大豆被转入了什么生物的什么基因，有什么功能？ （2）EPSPS 酶（5-烯醇丙酮莽草酸-3-磷酸合成酶）属于我们摄取的营养物质的哪一类？进入人体后会有什么变化？ （3）转基因大豆相对于普通大豆有什么优势？ （4）先锋种子公司为什么要终止研究计划？	应用知识分析实际问题，关注现代生物技术对人类生活和发展的影响。	12

续表

教学步骤	SCL工具	教学过程	活动目标	时间安排（分钟）
转基因技术的影响	问题接力	1. 阅读手中已有的转基因技术资料。 2. 按时间顺序，将相关事件贴到时间轴上。 3. 巡游学习，初步了解转基因技术的研究、应用和影响。回答问题。 （1）转基因技术哪年问世？这些事件有什么分布规律？ （2）为什么开始都是以细菌为研究材料？ （3）转基因技术让植物和动物获得了哪些新特性？对人类有什么影响？ 4. 将以上问题的答案写在白板上，并阅读、评价其他组答案。	感知转基因技术的研究历程、应用领域和对生产生活的影响。渗透使用信息的方法，提高分析、整合的能力。	13
对待转基因技术的态度	问题接力	分析思考，回答以下问题。 （1）在转基因技术研究和发展过程中，有一个时间段几乎停滞，分析原因。 （2）观察我国转基因水稻的研究和发展历程，可以发现什么？ （3）我们应如何看待转基因这项新技术？	初步形成客观看待新技术的态度。	8
学习总结	头脑风暴	大胆设想在未来转基因技术可以有哪些应用，写出自己的设想，贴在历程时间轴上。	情感升华。	2

九、板书设计

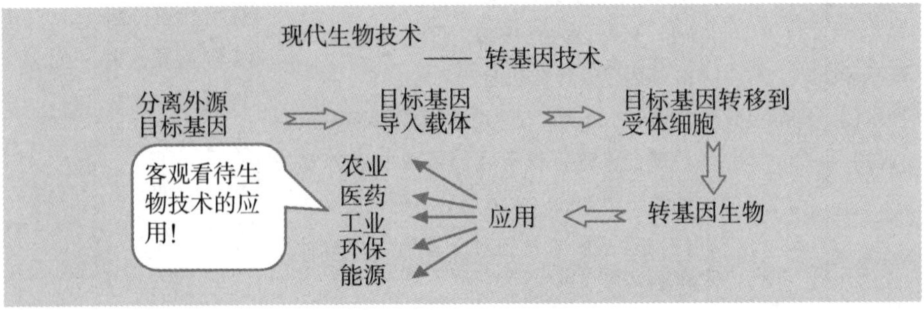

图 7-1-2　板书设计图

教学反思

使用“问题接力”帮助学生提升信息处理能力

——基于“转基因技术及其应用”一课的实践反思

一、背景介绍

《转基因技术及其应用》是旨在帮助学生理解科学、技术与社会三者关系的一节课。其中涉及大量的事实资料，学生需要在有限的时间内通过阅读的方式，获取大量信息，并将信息进行有效处理，就这项新技术对自己生活的影响构建起真实的认知。为了解决这个问题，本节课综合运用了“以学生为本”工具库中的多个工具，根据学生具备的已有知识、生活经验及能力设计不同的学生活动，激发学生尝试解决现实生活问题的积极性，产生责任感和使命感，学生在解决问题的过程中，提升收集信息、整理归纳、构建概念、表达思维的能力，最终达成学习目标。

二、概念界定

“问题接力”是“以学生为本”教学法中的一个学习活动工具。首先，教师在课前精心设计几个指向教学目标的连贯而递进的问题组成“问题接力”，在课堂教学中将问题依次呈现给学生完成。教师设计的具有逻辑性的问题，可以使学生在完成上一个问题组后，激发出更多的思考，甚至包括下一阶段的问题组，然后教师再将高一阶段的问题组发给学生，让学生进行讨论作答，以此类推，学生在教师分配的时间内完成问题讨论和作答，逐步构建概念。

三、情境描述

本节课的学习重点是帮助学生在了解大量转基因技术的应用事实的基础上，构建“转基因技术已被广泛应用并产生深远影响”这一重要认识。该环节涉及大量的生物学事实，需要学生在有限的时间内高效处理大量信息。因此，本环节应用了“问题接力”这个工具，帮助学生梳理、提取信息，归纳总结得出结论。以下是本环节的几个教学片段。

【片段一：转基因技术的研究和应用】

教师将事先准备好的资料按照不同时间段分发给不同组的学生。学生了解本组得到的关于转基因技术的多个事件，然后按照时间顺序将每个事件贴在墙上的时间轴上，贴完后浏览其他组贴出的事件。

师：看来大家在历史长廊中的游学都结束了，现在我有几个问题要问问大家。转基因技术是在哪年问世的？

生：1973 年。

师：这些事件有什么分布规律？

生：有些事件很集中。

师：大家看一下，最初实验中主要是以哪种生物为研究材料？

生：大肠杆菌。

师：为什么用大肠杆菌为研究材料呢？

生 1：大肠杆菌可以再生，用途比较多。

师：可以想想它的结构生理特点。

生 2：大肠杆菌结构简单，有一个质粒就可以复制。

师：还有其他的结构或生理特点吗？

生 3：大肠杆菌生活在人的身体中。

生 4：它繁殖得快。

师：是呀，大肠杆菌结构简单，繁殖得快，这样就可以将研究周期缩短了。顺着时间看，接着科学家研究的生物种类是什么？

生：植物，然后是动物。

师：从资料中我们看出转基因技术让植物和动物获得了哪些新特性？对人类会产生什么影响？大家思考，小组讨论一下。

本片段是使用“问题接力”这一学习工具的活动中的第一组问题，学生通过自主学习，讨论、梳理本组的事实资料，对转基因技术的某方面有了初步的了解。按时间贴图的过程，帮助学生提升整理信息的能力，学生通过讨论和回答问题关注现代生物技术在生活中的应用，进而激发学生对转基因技术应用的思考。

【片段二：转基因技术对生活的影响】

学生小组讨论，教师提醒学生关注 PPT 上的问题，其间有学生走到时间轴前，积极研读这些事件，尝试获得答案，几分钟后教师再次强调要注意关键词。

师：大家在这些事件中获得了丰富的信息，但我要再次强调，请大家围绕问题中的几个关键词“植物”“动物”“新特性”进行思考。

生 1：玉米具有了抗虫性转基因之后，鱼的体形增大，番茄延迟成熟了。

师：其他同学还有补充吗？可以帮着说出来。

生 2：我先说植物的，植物具有了更多的抵抗性。

师：植物获得了这些新特性，这些新特性对我们人类有什么影响吗？

生 2：使我们人类更方便，减少了浪费。

师：你说的是不是番茄的新特性对我们的影响？

生 2：是的，抗虫抗除草剂的作物，不被虫子吃，提高了产量。

师：回答思路非常好，我们可以看到转基因技术提高了作物的产量和品质。除此之外的影响呢？

生 3：我认为还推动了经济的增长。比如棉花，如果不抗虫的话，农民辛苦种植的棉花被虫子吃掉了，棉花的产量就减少了，如果是抗虫的棉花，虫子就吃不了棉花了，农民就能多卖棉花多挣钱。

师：这个想法非常好，这里对抗虫棉我要解释一下，虫子主要食用的是棉花的叶片，抗虫棉的叶片具有抗虫性。这些是植物的新特性，动物的新特性有哪些？

生 4：体形大，生长快。

师：这对我们生活有什么影响呢？

生 4：我们可以吃到更多。

师：是呀，同时可以更快地投放市场，价格也更便宜。还有吗？看看后面的资料。

生 5：我觉得这些动物经过转基因后，肉和奶更有营养。

师：我们就能吃到品质更高的食物。除了以上这些领域，转基因技术还应用在哪些方面？

生 6：还应用在人的疾病治疗方面。

师：还有吗？刚才大肠杆菌是可以生产人体胰岛素的。

生 6：可以生产疫苗。

师：转基因技术还可以应用于环境保护，有些细菌只能分解一种原油成分，应用转基因技术，将分解不同成分的细菌基因转移到一种细菌内，就获得了可以分解 7 种原油成分的转基因细菌了，这种细菌不仅能分解的原油成分种类多，分解的速度也更快。

本片段是使用“问题接力”这一学习工具活动中的第二组问题，通过讨论回答具有逻辑性的问题帮助学生了解转基因技术对生产生活的影响。教师在此过程中渗透处理信息的方法，提高学生分析、整合信息的能力，同时帮助学生在大量事实的基础上对转基因技术的应用和影响形成较全面的认识。

【片段三：社会对转基因技术应用的态度】

师：大家想想，1973 年到 1978 年转基因技术的研究有什么特点？

生 1：我发现这段时间，并没有实际应用，只是在研究这项技术可以让生活获得哪些新特性，为后面的应用做一个好的铺垫。

师：在转基因技术研究和发展过程中，有一个时间段研究几乎停滞，请大家分析原因。

生 2：因为大众对这项技术有质疑。

师：观察我国转基因水稻的研究和发展，可以发现什么？

生 3：我国转基因水稻研究经历了很长时间，但至今未投入市场应用。

师：我们应如何看待转基因这项新技术？

生 4：应该好好研究。

师：对于这项新技术，我国采取“积极研究，慎重应用”的态度。

以上三个片段完整地构成了使用“问题接力”这一学习工具的学习活动，通过解决三组具有梯度的问题，学生逐渐构建概念，提升了处理信息的能力。

四、聚焦反思

在课堂教学中，有些教学内容涉及庞杂的事实资料，需要依照一定的原则进行整理，如果一次性放在学生面前，学生会无从下手。而学生对文本的理解单靠一两个提问是不够的，需要教师从整节课出发设计出一组甚至多组由易到难的系统化问题，这样才有思维深度。传统教学中通常用讲授的方式完成本部分内容，学生获得的信息有限，对教师的讲解不感兴趣，本节课使用了“以学生为本”工具库中的“问题接力”的方法。

（1）教师在多个事实中筛选适当的事实资料，引导学生在面对大量的事实资料时按时间顺序整理事件，构建转基因技术的发展历程。此活动学生不会感觉枯燥，可以初步了解到更多的信息。

（2）学生可以通过观看时间轴上的事件和解决层层递进的问题，了解转基因技术在不同领域的应用情况，领悟生物学家在研究过程中解决问题的思路和方法。这样当学生今后面对大量信息时，就可以回忆本节课整理信息的方法，将其应用于新的情境，从方法上提升了学生处理信息的能力。同时，为学生渗透科学研究的方法，帮助学生初步确立客观看待一项新技术应用的态度，培养学生对事实的判断能力，并且提高了语言表达的能力。

（3）在活动中，学生经历了“综合—分析—综合”的过程，即首先综合认识转基因技术的研究历程和应用领域；然后分析关键事实，得出结论；最后又一次将所有事实联合成整体，构建出对转基因技术的完整认识。在此期间，学生对大量事实进行比较和归类，学生能够理性、客观地分析事物之间的联系，学生的科学思维得到进一步提升。

以上就是本节课在活动中应用“以学生为本”的学习工具，提升学生处理信息的能力，进而帮助学生在活动中构建概念，应用概念解决问题的过程。与传统课堂教学相比，在使用了“以学生为本”学习工具的生物课堂上，活动成为提升学生处理信息能力的途径之一，工具成为提升学生处理信息能力的方法之一，还有调查和实验研究对提升学生处理信息的能力也很有帮助。

专家点评

本节课对初二学生来说是难度较大的一节课。之所以说它难度较大，一是由于转基因生物概念和转基因技术流程的抽象性，二是由于现阶段学生对了解转基因产品在生产、生活中的应用以及认识该现代生物技术的两面性具有一定的难度。这些都需要学生从阅读、分析大量相关事实资料的过程中学习并建构客观理性的认识。教师以这节课为载体，运用“问题接力”这一学生活动工具，深入浅出地实现了教学目标的达成。

教师在运用“问题接力”这一学生活动工具时，最成功的经验在于设计了三段有递进性的问题组，让学生进行富有逻辑性的思考。学生之间思维的交流碰撞也较为充分，使课堂教学更为张弛有序，小高潮多次出现，学生始终处于兴奋状态，在主动学习过程中构建了相关的核心概念，也提升了信息处理的能力。

希望与建议：(1) 教师可进一步探讨，在使用“问题接力”工具时，怎样体现问题设计的梯度性？这一工具的特点、规律和使用经验是什么？(2) 对教学设计文本的修改有两点建议：第一，教学设计中，对学情的分析表述可以更具体一点，如学生相关的前概念有哪些等；第二，在教学设计思路中补充“事实材料的选取原则和方法”，以及每段问题设计的背后思想或依据等。

第八章

“以学生为本”的教学设计：初中科学

案例 8

七年级科学新授课“磁的今生——电力无限，磁力百变”

专家箴言

一切可以发生与发展的，便是可以教育的，这是符合“脑功能结构重塑”原则的教育法则。科学教育一是指科学学科的教育，二是指科学地施行教育。探秘，是人类的本能。激发学生对学科本质及发展的兴趣，令这种兴趣作为学生学习的动力，才能使学生获得最根本的探秘志向。非学无以广才，非志无以成学。

教学设计

一、课标要求分析

本节课是《北京市初中开放性科学实践活动项目手册（初中一年级使用）》中“磁现象”的内容，着重落实《初中科学课程标准（2011 年版）》（简称《科学课标》）中“物质的运动与相互作用——电和磁”的要求。“磁的今生”是七年级科学“磁现象”主题中的教学内容，是科学课中很重要的部分，为以后九年级学习电与磁奠定基础。按照《科学课标》的要求，学生需要通过实验制作电磁铁和电动机，了解电动机的基本原理，知道我国电磁炮技术的发展。

二、学习内容分析

“磁的今生”是“磁现象”主题教学的第二课时，是在第一课时“磁的基本知识及其应用”基础上的进一步学习，了解可控制的电磁和电与磁的相互作用及其应用。该内容有以下几个特点。

第一，该节课内容有趣。学生喜欢动手实践的课堂。本节课的内容有电磁铁、电动机、电磁炮等，这些动手实践的内容可以吸引学生，让学生全身心地投入到课堂中，提高课堂学习效率。制作类的学习活动，让学生提升合作技能，体会制作的成就感，帮助学生深入理解知识。

第二，该节课与生活联系紧密。电磁铁和电动机在生活中很常见，但是学生关注不多，对其在生活中的应用了解不多。本节课设计了“运送废铁”的任务，与生活相联系，让学生体会电磁铁在生活中的应用，感受科学与生活的联系。

第三，该节课内容有前沿性，能预示科技发展水平。电磁炮是一种特殊的电动机，作为一种军事武器，电磁炮技术的发展对我国有非常重要的意义。本节课通过使用电磁炮和了解中国电磁炮技术的发展，让学生体会科学、技术与社会的关系，增强科技服务社会的意识和责任感。

第四，该节课知识有整合性。第一课时学生了解了磁的基本知识及应用，如何在第二课时让学生将电与磁结合在一起是一个关键点。于是在引课环节设计了一个魔术——意念螺母，让学生通过这个魔术思考只有磁铁的作用是不行的，学完该节课后找到答案，找到电与磁的结合。

三、学生情况分析

学生在小学科学课中接触过简单的磁现象，对简单电路结构有一点了解，在初中学习了第一课时磁现象基本知识，进一步了解到磁性、磁体、磁极和磁化及其应用，对磁产生了很大的兴趣，这些都是本节课学习的基础。学生对于学习第二课时电与磁的结合充满期待，对电磁铁、电动机、电磁炮有浓厚的兴趣。本节课的设计以学习活动的模式，让学生深入理解知识，通过电磁知识的进阶提升，在做中学、学中悟，轻松学习知识，并体会科技的力量。

四、学习目标

（1）通过“自制能控制的磁铁”活动，能说出电能生磁，以及电磁铁在生活中的应用。

（2）通过经历“疯狂自转”活动，能说出电能生磁，力可以改变物体的运动状态，并能说出电动机在生活中的应用。

（3）通过实践体验活动，学会制作电磁铁和电动机，体会电磁铁和电动机的工作原理。

（4）通过列举电磁铁和电动机在生活中的应用，体会科学与社会的联系；通过使用电磁炮，增强科技服务社会的意识和爱国意识。

五、学习重点

本节课的重点是让学生通过动手实践，制作完成电磁铁和电动机，并知道其简单的原理和在生活中的应用。电与磁的结合在生活中应用非常广泛，典型的是电磁铁和电动机。学生在生活中见过电磁铁和电动机的应用，对这个内容很感兴趣，但是不知道具体原理是什么。为了更好地落实重点，本节课给学生提供充分的实验器材，让学生亲自动手实验，进行探索。

六、学习难点

本节课的难点是体会电动机的工作原理，并尝试解释有趣的相关现象。电动机的原理比较复杂，对于初一的学生来说要理解清楚比较困难。为了更好地突破难点，本节课紧密联系日常生活，学生对生活中的家用电器很熟悉，可以让学生用所学的原理解释生活中的现象，从生活中的家用电器来理解电动机，感悟电动机的原理。

七、学习流程

图 8-1-1 学习流程图

八、教学过程

表 8-1-1 教学过程表

教学步骤	SCL工具	教学过程	活动目标	时间安排（分钟）
魔术引课，激发兴趣	意念魔术	1. 【观看】意念螺母魔术。 2. 【分析】怎么用大脑控制螺丝呢? 讲述：通过今天的活动，相信你能找到答案。	丰富感知，引发思考	5

续表

教学步骤	SCL工具	教学过程	活动目标	时间安排（分钟）
动手制作，建立电磁	特殊磁铁	1.【实验】磁铁吸引回形针。 【体验】你能自制一个磁铁吗？请大家利用电池、导线、开关、漆包线、回形针，自制磁铁。 【思考】我们做成的装置有磁性吗？ 学生动手尝试吸引回形针。 【实验】我们把这个装置连接到电路中再试一试。 学生动手实验。 【分析】这个实验说明什么呢？ 说明电可以生磁。 【思考】你的自制磁铁和我的磁铁相比有什么不同呢？ 这种装置叫作电磁铁。 介绍电磁铁的应用：自动门、感应水龙头、超市储物柜、电铃、电磁起重机等。 2.【任务】谁能帮我把这些废铁装进盒子里呢？	动手制作，体验感悟	10
组装器材，深化理解	疯狂自转	1. 如果我把铁换成磁体会怎么样呢？ 【实验】奥斯特实验。 【提问】哪些材料组合在一起实现了磁针的转动呢？ 【归纳总结】有电有磁就可以改变物体的运动状态。 【讲述】你想让磁体动得更疯狂吗？请大家利用手中的器材，完成疯狂自转。 2.【介绍】科学家应用这个原理发明了电动机，俗称马达，在生活中哪里用到了电动机呢？ 学生展示、回答：冰箱、榨汁机、换气扇、电梯、手机振动。	深入实验，联系生活	10

续表

教学步骤	SCL工具	教学过程	活动目标	时间安排（分钟）
活动体验，电磁应用	穿越隧道	【讲述】有电有磁，物体可以运动，下面我们利用这个原理来穿越神秘隧道。 教师提示磁铁的装法。 学生尝试穿越。 【分析】电在哪？磁在哪？ 穿越能力哪家强？	深化知识	8
深度应用，科技前沿	超级电磁炮	【讲述】我们利用电动机完成了神秘穿越，如果利用这个原理制作电磁炮呢？ 讲解电磁炮与传统火药炮的不同。 拿出实验器材——电磁炮，指导学生装电池、戴上护目镜、装炮弹。 学生实际操作发射炮弹。 学生运用所学知识，讨论分析电磁炮的工作原理。 【观看】电磁炮技术发展视频。	提升爱国意识	10
运用所学，揭秘魔术	真相大白	【思考】“用大脑控制螺丝”的秘籍是什么？ 教师拆解装置，进行揭秘。 强调：自然界中所谓神秘的力量背后，一定有科学道理。	揭秘魔术	2

九、板书设计

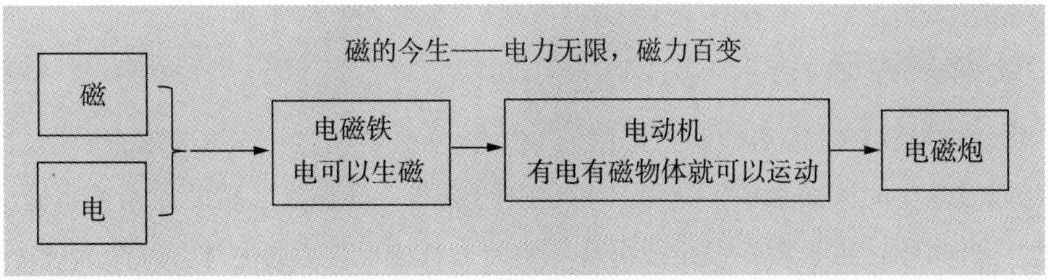

图 8-1-2 板书设计图

教学反思

“实验探秘”让学生爱上科学课

一、背景分析

课堂教学中，我们时常发现：教师累，课堂上讲得口干舌燥，课后忙得晕头转向，不讲不放心，讲完才踏实。学生累，学生上课时也非常难受，听得懂的、听不懂的都要听，学生学得苦，学生不会主动学习，不喜欢上课，成天坐在课堂被动听课，自己没有解决问题的能力。我真的想改变这种累，改变这种教学现状。

终于在2014年8月，“以学生为本”教学法来到我们的身边。经过培训，我知道了“以学生为本”教学法的核心理念是以学生为本，提高学生的主动性和积极性，培养学生思维的广度和深度，在教学中运用多种方法实现这个目标。我恍然大悟，原来课堂质的改变应该以学生为本，把课堂还给学生，让学生成为课堂的主人，这样学生才能喜欢上课。

“以学生为本”教学法有多个原则，我对鼓励学生独立学习、积极参与学习过程，使用活动或资料来激励、帮助和挑战学生这几个原则有很深的感悟。从这些原则中，我感悟到以生为本并不只是让学生动手、动口，让学生的身体动起来，更重要的是动脑，让学生的思维充分动起来。通过学习，我决定在科学课课堂上让学生完成“实验探秘”活动，通过这个活动设计来提高学生的参与度，让学生爱上科学。

二、概念界定

“实验探秘”是科学课上常用的SCL教学法工具之一，教师根据教学目标以及学生的认知水平，利用一些专门的仪器、设备或工具设计相关实验，使一些事物（或过程）发生或再现。实验过程中以学生为主体，以个人或小组为单位进行相关科学内容探究，通过让学生动手实践引导他们认识自然现象、性质以及规律。

科学课是一门理论与实践相结合的课程，实验既是科学课的精髓，也是科学课的重要组成部分。通过实验得到理论，才是符合“脑功能结构重塑”原则的教育法则。“实验探秘”对激发学生学习科学的兴趣、获得科学知识、培养科学态度、掌握科学方法、提高观察能力、发展思维能力等方面都有积极的促进作用。科学教学必须使学生积极体验“实验探秘”的过程，通过“实验探秘”增强对知识的理解并初步养成科学探究的习惯，进一步培养他们的创新意识和实践能力，为学生的终身发展奠定基础。特别是近年来，北京市中考越来越多地体现了对科学实验的重视，实验探究题也越来越强调学生的综合能力。科学课教师应意识到“实验探秘”的重要性，充分发挥“实验探秘”的多重作用，让“实验探秘”为科学教学服务，让学生喜欢科学课，从而达到提升课堂教学效果和培养学生能力的目的。本文以磁现象第二课时为例，介绍如何利用“实验探秘”让学生爱上科学。

三、情境描述

本节课是关于电流磁效应的课，之前学生已经学习了磁的基本知识，对磁的基本应用有了一定的了解，在本节课继续学习可控制的“磁性”来源。生活中学生对电生磁了解不多，缺乏相应的认识。怎样才能让学生体验到电生磁，并进一步了解电生磁在生活中的应用呢？本节课采用了“实验探秘”的方法，即让学生经历两个教学环节——“魔术引课”和“制作电磁铁”，让学生主动去探索电生磁的秘密。

在课堂导入环节设计了魔术——意念螺母。

师：我能用大脑控制物体，你们信吗？

学生摇头。

师：这是工具——螺丝、螺帽，检查一下。

生：（检查器材）没问题。

师：看好这个螺帽，动了吗？

生 1：动了。

生 2：老师，你手上有戒指。

师：你的观察很仔细，老师这是钻石戒指，是什么让铁螺帽动起来的呢？

教师拆解实验器材。

学生看完魔术后，感觉很神奇，有学生猜到是有磁铁，通过拆解实验器材，学生头脑中初步想到了电可以生磁。带着这些疑问，学生迫不及待地想要开始本节课的学习，对下面的学习内容充满了期待。

为了解开这个谜底，需要先探秘电磁铁，于是接下来设计了活动——制作电磁铁。

师：你们能自己做一个磁铁吗？把 PPT 上显示的器材从盒子中拿出来。都有什么器材呢？

生：大头针、漆包线、电池、导线、铁钉。

师：怎么用这些器材做出电磁铁呢？每个器材应该如何使用呢？

生：电池有正负极，漆包线缠在铁钉上。

学生开始尝试实验。

师：你发现了什么？

生：能吸大头针了，有磁性了。

师：是什么导致有磁性了呢？

生：电流。

师：通过这个实验你发现了什么？

生：电可以生磁。

带着对魔术的好奇，学生通过“实验探秘”的方法完成了电磁铁制作。带着探秘的意识去研究实验，提高了学生的主动性和积极性，让学生乐于探究，乐于寻找问题的答案。通过这个环节，学生发现了电可以生磁，发现原来电和磁是有联系的，这个发现是学生通过探秘自己找到的，因此对知识理解得更深刻了。整个过程学生特别投入，聚焦在目标上，整堂课都处于兴奋的状态，对课堂内容充满了好奇。

四、聚焦分析

“实验探秘”的教学方法使学生成为整堂课的探秘者，整节课都在寻找问题的答案，这样的教学设计使得课堂高效完成。为什么“实验探秘”的活动设计能达到这样的效果，让学生爱上科学呢？

（一）借助魔术情境，唤醒科学探究欲望

课堂伊始，结合教学内容，通过“实验探秘”创设情境，设计了引入魔术。这个魔术打开了学生的思维，有的学生感觉震惊，有的学生猜测可能和老师手上的戒指有关，大家都主动发言，讨论很激烈。探秘环节的设计激发了学生的学习兴趣和探究兴趣，使学生产生强烈的求知欲望，进而以饱满的情绪投入到学习中，想要通过自己的努力去寻找答案。带着这种想法，学生很自然地进入本节课的探究学习，而且探究时充满主动性。在这种学习热情的带动下，学生不自觉地喜欢上科学，想要揭开魔术背后神秘的面纱。

（二）规范探究过程，树立严谨的科学态度

“实验探秘”是培养学生实验技能的重要环节。通过“实验探秘”，学生能更细致地观察和研究一些自然现象，验证一些规律。在指导学生进行“实验探秘”时，应该提出明确的要求，把实验的目的和研究的问题说清楚，把仪器的名称以及使用方法交代好，为学生进行“实验探秘”创造良好的条件。例如，在制作电磁铁时，让学生先明确自己要使用的实验器材有大头针、漆包线、电池、导线、铁钉，明白这些器材的使用方法和注意事项，比如电池正负极怎么区分、漆包线怎么使用、大头针的作用等，而不是让学生随便尝试，胡乱实验。这样的设计让学生知道科学实验不是随便生成的，需要用认真严谨的态度对待科学实验。在不断的探究中，学生经历了和科学家一样的严谨探究过程，科学态度得到了培养和深化，为以后进行科学研究打下了基础。

（三）坚持持续探秘，提升科学探究能力

在“实验探秘”的探究过程中，老师不断鼓励学生积极动脑、动手，独立或者小组合作找到问题的答案，获得知识，真正体验科学的乐趣。在探究寻找答案的过程中，学生不断了解科学方法、科学知识，逐步培养了实验探究能力。在制作好电磁铁后，学生要通过自己的探究找到电磁铁的秘密——能够吸引大头针，有磁性，进一步总结出装置中有电流，归纳出电可以生磁。对这些问题的思考不断提升了学生的探究能力。通过每节科学课点滴的量的积累，学生的科学探究能力会有质的变化，而这种变化对学生是莫大的鼓励，让学生对科学更有兴趣和信心。

在科学教学的过程中，还有很多地方可以使用“实验探秘”，例如在“不要轮子的小车”教学中，可以让学生设计一个不要轮子就可以运动的小车，学生就会带着这个问题去完成实验，探究出答案。在“组装工程车”教学中，可以给学生提出组装出不同动力系统的车的任务。为了完成这个实验，学生就要讨论组装什么样的动力系统，探索组装动力系统的方式。

将“实验探秘”应用到科学教学中，调动了学生学习科学学科的兴趣，避免了传统教学容易出现效率低下、学生参与度低的问题。“以学生为本”教学法的核心理念是以学生为本，提高学生的主动性和积极性，培养学生思维的广度和深度。“实验探秘”作为“以学生为本”教学法的重要活动工具之一，在科学学科的实验教学中产生了积极的作用。

专家点评

学习的过程就是“大脑功能结构重塑”的过程，从“脑的自然学习法则”来看，教学设计就是设计一个“适合脑学习的丛林环境”。激发学生的学习欲望，符合“五种心理相互作用”的“脑功能重塑动力学机制”。

用魔术引起学生的“探秘”欲望，创设良好的教育情境，让学生在“实验探秘”中得到了一次与“磁体、磁性”旧知的联系机会，更为“永磁体与电磁体”的区别与联系提供了“探秘”点，实属教师的教育“睿智”。

第九章
“以学生为本”的
教学设计：道德与法治

案例 9

八年级道德与法治新授课“如何承担责任”

专家箴言

教育的方法应如春雨：随风潜入夜，润物细无声。教师的责任是引导学生意识到：你有许多事情必须做，哪怕你不喜欢做，这就是责任。

教学设计

一、课标要求分析

《义务教育思想品德课程标准（2011 年版）》（简称《思想品德课标》）要求学生体验行为和后果的联系，懂得每个行为都会产生一定的后果，学会对自己的行为负责。按照《思想品德课标》要求，学生需要在活动中体验，明确不同的角色要承担不同的责任，尤其是承担集体责任的重要性，能够做出合理的选择，学会如何承担责任。

二、学习内容分析

本节课的学习内容是对人教版《道德与法治》八年级上册教材中的第三单元“承担社会责任”的整合，主题为如何承担责任。该内容具有以下两个特点。

（1）责任的概念比较宽泛、抽象，学生理解起来比较空洞，需要通过活动创设情境，让学生在角色体验中感受不同角色的责任。

（2）本节课的重难点是如何承担集体责任，这就需要学生具备从个人责任到集体责任的分析能力。在真实的角色扮演中，学生能够感受到集体中每个人之间的真切联系，深入分析集体责任，从而更好地突破难点。

三、学生情况分析

八年级学生对责任的认识较为模糊，没有清晰的角色定位及与其相对应的责任意识。一方面，学生对责任的理解限于生活层面，这也是本节课教学的起点，让学生充分利用已有的角色进行体验；另一方面，八年级学生对相对复杂的集体关系角色认识不清，因此本节课在学生已有的简单角色体验的基础上，让学生体验、观摩不熟悉的角色和复杂的责任关系，以学生为本，丰富学生的感知，增强体验和深度思考。

四、学习目标

（1）通过情景剧中观众和主持人的鲜明对比，以及教师苏格拉底式提问，进一步明确责任的内涵以及责任从何而来。

（2）通过对全新角色的扮演，在新的集体生活中思考人与人之间的关系，明确个人责任与集体责任，培养责任意识，学会承担责任。

五、学习重难点

本节课学习的重难点是如何承担集体责任。初中学生对生活中个人责任的体验比较充分，但缺乏区分集体生活中的不同责任和承担集体责任的意识。学生通过扮演角色，体验不同角色的职责，感受不同角色职责的发挥对集体产生的影响，从而明确如何承担集体责任。

六、学习流程

表 9-1-1 学习流程表

学习步骤	SCL 工具	学习过程
对比鲜明， 明确责任	情景剧	● 观看情景剧。 ● 观众角色反省：笑的原因是什么？ ● 主持人角色反省：为什么会称小男孩为英雄？ ● 观众思考：如何评价林克莱特的表现？

续表

学习步骤	SCL 工具	学习过程
言行与后果，责任要承担	苏格拉底式提问	• 材料：中国足协的《十年规划》。 • 1992 年、2003 年足协的责任是什么？ • 我们现在讨论和批判足协时，我们的责任是什么？
多种角色，多重责任		• 观点辨析。 • 青少年有没有自己的责任？
分清责任，不推不揽		• 贪睡、迟到，这是谁的责任？ • 有的同学说："迟到都怪妈妈没有叫醒我。"你怎么看？ • 因地铁或交通故障迟到，是你的责任吗？
角色扮演，体会责任	角色扮演	• 欣赏同学的角色扮演。 • 你认为是什么导致了剧中的这场悲剧？ • 有哪些人需要对这次损失负责？ • 小组合作，用图示的方式表现怎样才能避免损失。
诗情画意，总结升华		• 高瞻远瞩，正确认识承担责任和不负责任的后果。 • 分清责任，冷静思考，慎重行动。 • 与责任和谐相处，快乐生活。

七、教学过程

表 9-1-2　教学过程表

教学步骤	SCL 工具	教学过程	活动目标	时间安排（分钟）
对比鲜明，明确责任	情景剧	学生情景剧（旁白+角色扮演）展示： 　　美国著名电视节目主持人林克莱特在一次电视直播时现场采访了一名年仅四岁的小朋友："你长大后想做什么呀？"小朋友天真地回答："我	明确责任是什么。	5

续表

教学步骤	SCL工具	教学过程	活动目标	时间安排（分钟）
对比鲜明，明确责任	情景剧	要当飞行员！”林克莱特接着说：“如果有一天，你的飞机飞到太平洋上空时，飞机快没油了，所有引擎都即将熄火，你会怎么办？”小朋友想了想说：“我会先告诉坐在飞机上的人系好安全带，然后我挂上我的降落伞跳出去。”现场的观众顿时笑得前仰后合、东倒西歪。 问题讨论： 1. 为什么现场观众会有这种反应？ 唯有记者林克莱特没有笑。他继续注视着孩子，因为他看到孩子的两行热泪夺眶而出。林克莱特继续问：“为什么要这样做？” 小朋友的回答透露出一个孩子特有的真挚想法：“我要去拿燃料，我还要回来，我还要回来！”此时演播厅里的笑声戛然而止，所有人都羞愧满面地望着那位小朋友，人们不知道此时该说些什么，空气仿佛都凝固了。林克莱特走到小朋友身旁，弯下腰来抱了他一下，深情地说：“你是一个英雄！” 问题讨论： 2. 为什么林克莱特会称小男孩为英雄？ 3. 你怎么评价林克莱特的表现？	明确责任是什么。	5
言行与后果，责任要承担	苏格拉底式提问	中国足球情境介绍： 《中国足球事业十年发展规划（1993—2002）》：提出了进入世界杯16强的目标。 结果：国足虽然2002年进入世界杯，但小组赛三战皆败，一球未进。 2003年《十年规划》：女足继续保持世界领先水平，男足力争获得奥运会和世界杯出线权，2008年北京奥运会力争进入前8名。 结果：男、女足均无缘伦敦奥运会，中国男足近10年甚至连世界杯预选赛亚洲区“10强”赛都没能进入。	总结责任从何而来。	6

续表

教学步骤	SCL工具	教学过程	活动目标	时间安排（分钟）
言行与后果，责任要承担	苏格拉底式提问	问题讨论： 1. 1992 年、2003 年足协的责任是什么？ 2. 我们现在在讨论和批判足协时，我们的责任是什么？	总结责任从何而来。	6
多种角色，多重责任		可是有的同学会说责任是成年人职场上的事情，与我们青少年无关，我们现在作为未成年人只需要别人来为我们尽到责任，等长大以后，我们再来谈责任吧。 问题讨论： 1. 你认同这种观点吗？ 2. 青少年有没有自己的责任？ 3. 作为学生、行人、游客，我们的责任分别是什么？	观点辨析，对言行负责。	5
分清责任，不推不揽		学生因贪睡迟到。 问题讨论： 贪睡、迟到，这是谁的责任？ 有的同学说："都怪妈妈没有叫醒我。" 问题讨论： 1. 你怎么看？ 2. 因地铁或交通故障迟到，是你的责任吗？ 分清责任，不要大包大揽。	不同情况，分清责任。	5
角色扮演，体会责任	角色扮演	作为个体，我们比较容易认清自己的责任，而我们每个人又不是孤立的个体，我们总是生活在集体中，和其他人发生各种各样的联系。如果我们不把自己放在集体中、放在与别人的关系中，就会很容易造成悲剧。 角色扮演。	体验集体责任。	17

续表

教学步骤	SCL工具	教学过程	活动目标	时间安排（分钟）
角色扮演，体会责任	角色扮演	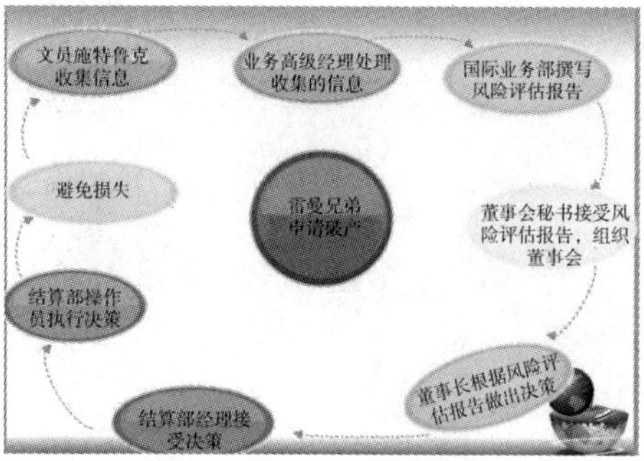 问题讨论： 1. 你认为是什么导致了这场悲剧？ 2. 有哪些人需要对这次损失负责？ 3. 小组合作，用图示的方式表现怎样才能避免损失。	体验集体责任。	17
诗情画意，总结升华		借用清代文学家王国维在《人间词话》中提出的读书治学的三境界看责任： “昨夜西风凋碧树。独上高楼，望尽天涯路。” 高瞻远瞩，正确认识承担责任和不负责任的后果。 “衣带渐宽终不悔，为伊消得人憔悴。” 分清责任，冷静思考，慎重行动。 “众里寻他千百度，蓦然回首，那人却在灯火阑珊处。” 与责任和谐相处、快乐生活。	总结责任三境界。	2

八、板书设计

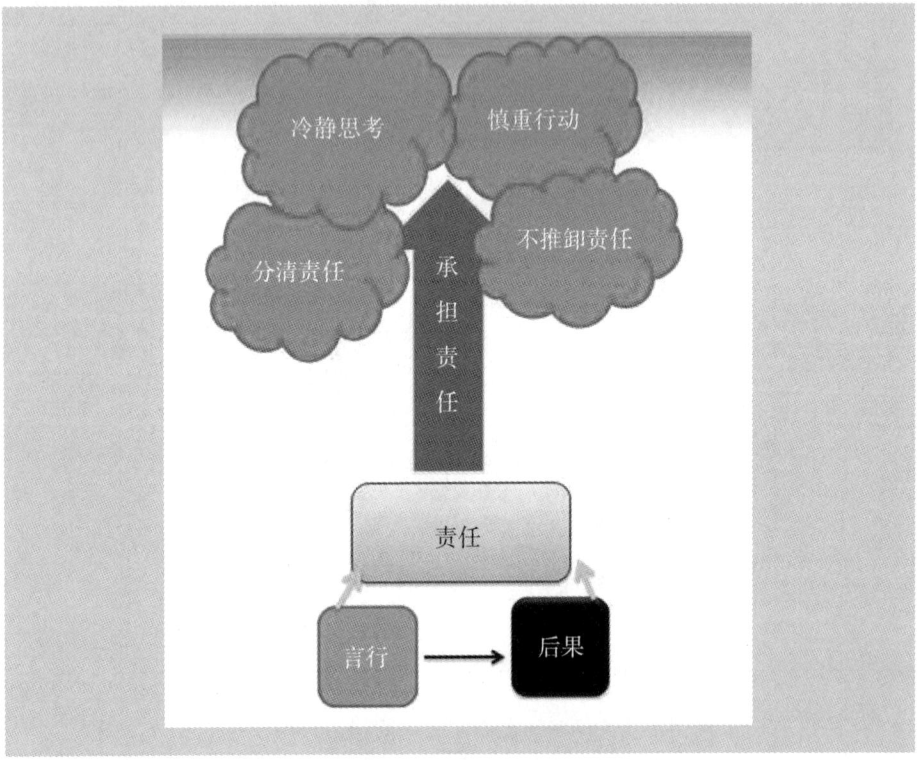

图 9-1-1　板书设计图

⊙教学反思

运用角色扮演，助力责任体验

一、背景分析

“以学生为本”的 SCL 教学法能充分挖掘学生在角色扮演中的体验，因此在如何实施责任这一主题课中，我选用了充分体现学生主体地位的角色扮演法，并在教师引导下挖掘学生深层次的体验。初二年级学生的抽象思维能力虽然有了较大的发展，但形象思维仍然占主导，角色扮演法避免将如何承担责任变成空洞的说教，利用语言、动作、场景、情感传递来展示特定事件，更能够“移情”，激发学生思考的积极性，从而引导学生由形象思维过渡到逻辑思维。

二、概念界定

角色扮演是教师根据教学需要，提供一个真实的、涉及价值争论的情境，让学生在已有经验的基础上，通过扮演其中的角色，感受角色的思想、情感、行为和责任，以解决价值矛盾为取向的问题解决模式。角色扮演是“以学生为本”教学法的一种有效工具，它充分利用了学生已有的知识、情感和经验，在角色体验和冲突的故事情节中激励和挑战学生。

三、情境呈现

在课堂导入环节，教师把美国著名电视节目主持人林克莱特采访一位四岁小朋友的故事交给两名学生，他们通过对材料的再加工，编写出小剧本。扮演林克莱特和小朋友的学生通过自己对角色的理解，用适合角色的语言、情绪进行表达，其他同学是这场情景剧中的观众扮演者。(见图 9-1-2)

图 9-1-2　学生角色扮演

四岁小朋友在谈到自己长大后的梦想时，充分展现了孩子的天真，在回答林克莱特问题时信誓旦旦的表演，引得同学们哈哈大笑。这恰恰还原了当时的真实情境，也表明台上的演员充分展示了该角色的特点。而坐在台下的同学也真正融入情境中，成为真实的观众。此时，教师请台上的两名学生暂停表演，向大家提了一个问题：为什么各位观众会笑呢？表演时间暂停10秒，观众的笑声消失了。这静止的10秒钟，观众从笑到安静，台上的两位演员也在感受观众的现场表现传递给他们的情感。教师将设计的问题抛给观众，使观众内心的情绪变化外显出来。当教师采访观众笑的原因时，学生再次露出了笑容，回答道："我觉得这个小孩特别好笑，他只想着自己逃命，而置乘客的安危于不顾，临阵脱逃。"教师进一步追问："你们认为他长大会是一个不负责任的飞行员，对吗？"对于教师的这种断言，有一些学生又表示出质疑："这可不一定！"而此时，教师没有继续解释，而是让他们继续看下去。

台上的情景剧继续展示，主持人林克莱特没有笑，而是认真地注视着这个孩子，看到孩子夺眶而出的眼泪，他俯下身去，摸着小朋友的头继续问："为什么要这样做？"小朋友抹了抹眼睛，冲到台前，对着观众说道："我要去拿燃料，我还要回来，我还要回来！"此时，台下的观众们陷入了沉思。表演时间又暂停10秒。

林克莱特走到小朋友的旁边，弯下身来抱了抱他，深情地说："你是一个英雄！"这时观众席自发地响起了掌声。

教师再次带领学生剖析角色体验，首先采访主持人："你为什么会称小男孩是一个英雄？"学生的回答表达出他对小男孩回来救人的英雄举动的赞许。男孩只有四岁，并不知道在危难时刻应该如何救人，在他的认知里，没有燃料了只能回去取，但无论如何不能抛下飞机上的乘客。教师又采访了学生对主持人林克莱特的评价，学生表示他是一个专业的主持人。那么，这自发形成的掌声，就不仅仅是对小男孩的掌声，也是对专业又负责的林克莱特的掌声。在教师富有深度的角色剖析下，不管是作为演员的学生，还是充当观众的学生对角色体验都更加深刻。

四、聚焦分析

（1）角色扮演的魅力在于让学生身临其境地感受、认知和思考，增强价值判断的能力。在第一个角色扮演的环节，学生们的表现恰恰是观众们的表现，这种亲身的笑与沉思让学生明白了他们对责任的态度以及对别人的尊重。在暂停表演的10秒钟，适当的留白让学生有时间去感受自己的行为，思考行为背后的价值取向。林克莱特的扮演者在后来的采访中表示，通过对角色的扮演，明白了作为主持人的责任是什么，面对一个四岁小朋友的梦想，他应该表现出尊重，作为一名主持人，让嘉宾表达出自己真实的感受和完整的想法是他的职业责任。在第二个环节角色扮演的准备阶段，几位小演员特意去网上收集了各自所扮演角色的职责是什么。角色扮演的魅力就在于体验不一样的经历，感受他人的境遇，反思自己的角色。通过课下的准备，几位小演员明白了社会角色、集体责任的重要性，在明确自身责任的同时，还要做好与其他角色的配合。在角色扮演中，通过与其他角色的合作和解决冲突，增强了对不同角色的认知，从而为将来在社会中扮演好自己的角色，履行好社会责任打下基础。

（2）角色扮演的魅力在于学生自主组织课堂，成为课堂真正的主人。“以学生为本”是角色扮演的指导思想。第一环节中旁白的设定是学生们自己的创造，他们想要通过旁白的方式、时间静止的艺术表现形式，让其他同学真正融入这个情景剧。成为情景剧的主角调动了学生参与课堂的积极性，同时也让他们承担起让其他同学积极参与、思考的责任。学生旁白是平等的身份，也更能引导学生表达此时此刻的真实感受。学生真正成为课堂的主体，在情境中自主承担了教师组织课堂的责任，真正成为课堂的主人。

（3）角色扮演的魅力在于在有冲突的情境中，了解学生真实的思想品德和心理发展状况。角色扮演活动能为教师了解学生的思想、品德和心理发展提供极好的机会。（蔡敏，2004）学生的价值观是隐性的，显性的行为更能直观真实地体现其隐性的价值观。这些人格特征在角色扮演的情境冲突和刺激下，更能显现学生情感态度与价值观方面存在的不足以及潜在的社会行为问题。在这一情境展示中，第一个冲突点在于观众的笑和小朋友的哭。在这一对比中，观众的态度和小朋友的价值观之间产生的第一次冲突，让学生观众反思自己的行为对他人产生的影响。第二个冲突体现在林克莱特作为主持人的专业表现与观众的嘲笑之间的对比。学生在其他角色身上看到了榜样的力量，责任的力量。这种对比鲜明的情境、学生的自我反思，能够让教师更为清晰、客观地通过学生的行为表现进行教学评价。

五、总结

角色扮演在课堂中的应用，不仅活跃了课堂气氛，也有利于促进学生心理健康的发展。每个人都是处于社会关系中的社会人，在角色扮演中，学生通过对角色的再认识以及与其他角色的互动，把自己放在社会结构的坐标中，不断修正自己的人格特征，更加明确自我的概念。

道德与法治这门课程的教学不同于简单的知识传授，更重要的是一种情感的认同，价值观的塑造。学生在课下排演剧本的过程中，不仅要明白一种全新角色的职责，还必须与不同的角色交流互动，才能完整流畅地呈现内容，这恰恰就是学着在集体中承担责任。角色扮演的教学方式走进了学生的情感世界，给学生提供自我展示的平台，让学生在放松的情境中展现自己的价值观。在排练中，在实践中，本节课的重难点内容得到突破。角色扮演尊重了学生的主体地位，给学生提供了有安全感的平台，同时也让教师与学生之间实现了平等的对话，从而实现从具体到抽象、从个别到一般、从理论到实践的价值观引导。

专家点评

这节课的教学设计从多角度体现了“以学生为本”的理念。用角色扮演的方式创造情境、引出课题是个巧妙的设计，让参与者在停顿的瞬间体悟和反思自己的行为及责任又是一个亮点。把当前应当承担的责任和未来可能承担的责任结合起来，引导学生成为敢于担当、善于担当的人，并且能够在一个集体中为集体的发展做出承担，有助于升华学生对责任和担当的认识。采用参与式及讨论的方式让学生自己教育自己要比教师单纯的说教有更好的效果，能在他们的心灵深处产生更大的影响。

第十章
“以学生为本”的教学设计：初中历史

案例 10

七年级历史新授课“宋元时期的商业和城市”

专家箴言

史料实证是开启“宋元时期的商业和城市”一课教学的一把金钥匙。

教学设计

一、课标要求分析

《义务教育历史课程标准（2011 年版）》（简称《历史课标》）对本课的要求是：知道宋元时期商业贸易的繁荣；了解宋元时期的都市生活和宋词、元曲的流行。

根据对《历史课标》及课本内容的整合，本节课学生需要完成以下两方面的学习任务。

（1）视频资料和图片资料的运用既可以直观地展示相关内容，又可以提高学生学习的兴趣。教师提供视频和图片资料，学生从这些资料中提取相关信息，总结宋元时期商业繁荣的表现。

（2）学生通过观察《清明上河图》的局部，进一步体会宋朝都市生活的丰富多彩。

二、学习内容分析

“宋元时期的商业和城市”是 2017 年北京版《历史》教材七年级下册第二单元第 11 课的内容，本课是一节新授课，主要讲述的是宋元时期的商业、城市以及这一时期人们的社会生活状况。

历史课程的学习需要全面了解和关注这一时期的政治发展、经济状况以及文化和社会生活状况。本课是在学习完宋元时期的政治情况之后，对宋元时期的经济状况及社会生活情况的学习，这样有助于学生了解这一时期的总体情况，帮助学生树立历史的整体观，认识历史发展的多面性。

为了达到本节课的教学目标，我主要采取了图片教学的方法。初一年级的学生大多十二三岁，虽然对日常生活中的商业和城市并不陌生，但是通过一课时的学习形成对宋元时期商业和城市的系统认识是非常不容易的。在设计这节课时，我充分考虑了图片资料与相关学习问题的结合，这样既可以增加学生学习的兴趣，又可以用问题一步一步引导学生有逻辑、有步骤地进行分析，帮助学生梳理这一时期商业与城市繁荣的表现。

三、学生情况分析

在学习本课之前，学生已经学习了宋元时期的政治情况，对宋元时期有了基本的认识和了解，这就为本节课的学习奠定了基础。但是学生对这一时期的商业和城市几乎没有了解。在语文课的学习中，学生知道这一时期的文化成就——宋词、元曲的流行，但是对宋词、元曲的产生背景不了解。经过初一上学期的学习和训练，学生具备了一定的分析问题的能力，但是概括能力较差，提取信息不充分，缺乏独立思考的能力，对知识的学习和掌握缺乏系统性，需要进行有效引导。另外，学生对图片和视频教学有很大的兴趣，这对本课的学习很有帮助。

四、学习目标

（1）通过观看《清明上河图》的视频及局部截图，初步体会宋朝时期商业的繁荣与发展。

（2）通过分析《宋代海外贸易图》，掌握阅读地图的相关方法，并且不断提升从地图中提取有效信息的能力。

（3）通过本课的学习，可以用思维导图的形式画出宋元时期商业繁荣的表现。

五、学习重点

根据《历史课标》对本课的要求，本课的教学重点是宋元时期商业繁荣的表现，通过“以学生为本”教学工具中拼图的方式突破这一重点。

六、学习难点

在每一个历史阶段，政治、经济、文化、社会生活等各方面是相互联系的整体，但是学生在学习的过程中会出现片面、割裂地看待历史的问题。本课的学习难点是从经济、社会生活和文化生活等多角度认识宋元时期的社会发展，在授课过程中，不断通过材料渗透进行突破。

七、学习流程

表 10-1-1　学习流程表

学习步骤与目标	SCL 工具	学习过程
观察视频，发现问题	头脑风暴	通过观察视频，简单介绍自己的认识和体会。
分析材料，解决问题	拼图	1. 根据教师提供的四组材料，找出宋元时期商业繁荣的不同方面的表现。 2. 将本组的学习成果在全班展示交流。
追根溯源，解决问题	无	1. 重新拿出之前的四则材料，讲述它们所反映的问题。 2. 各组交流，师生共同总结，深化对商业繁荣的理解。
分析现象，应用原理	思维导图	5 分钟时间小组合作，相互讨论，画出宋元时期的商业和城市的思维导图。
学习巩固，练习反馈	速配	1. 说一说宋元时期商业繁荣的表现。 2. 找出同学的问题并纠正。

八、教学过程

1. 用视频的方式导入课程，并提问：通过观看《清明上河图》的动画视频，你有什么感受？

2. 提供四则材料，让学生采用拼图的方式，探讨商业繁荣的表现。（见图 10-1-1）

材料一：

图 10-1-1 《清明上河图》（局部）

（来源：仇英版《清明上河图》）

（1）材料中有很多店铺，猜一猜这些店铺都是从事哪些商业活动的。

（2）有这么多从事不同门类的店铺，请说出商业繁荣的一个表现。

材料二：

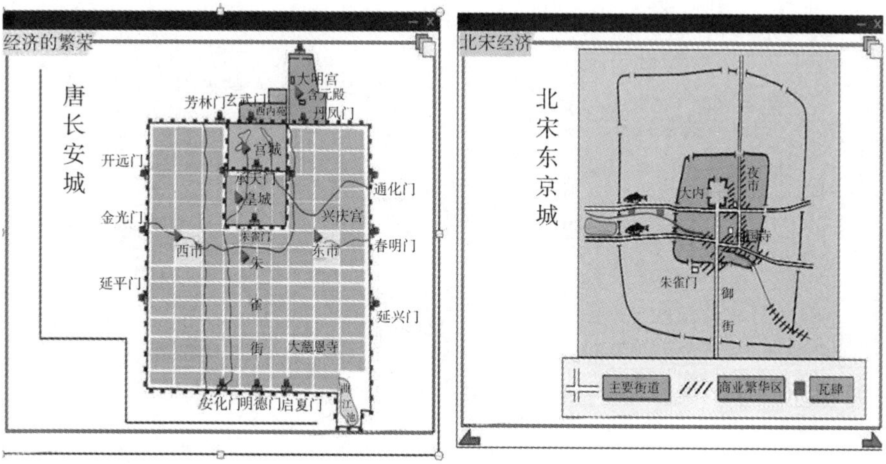

图 10-1-2 商业繁荣表现图

（来源：岳麓版高中《历史》教材必修一）

（1）这是中国古代两个时期的两个都城——唐长安城和北宋东京城，通过观察，你发现这两个都城有哪些区别？

（2）除此之外，你发现北宋时期的城市还有哪些特点？

（3）这两个发现反映了什么问题？

材料三：

材料一："布罗一匹，为钱两万。"买一匹罗，要付 130 斤重的铁钱。

材料二：闻得商旅往来贸易，竞用会子，一为免商税，二为省脚乘，三为不复折阅（亏损），以此观之，会子可谓通流。——吴泳《鹤林集》

（1）这两则材料分别体现了什么问题？

（2）纸币的出现反映了什么问题？

材料四：宋代海外贸易图（略）

（1）从地图中你能发现什么？

（2）这一发现体现了什么问题？

学生通过拼图的方式得出商业繁荣的表现：商品种类丰富；商品交易打破了时间和空间的限制；纸币的出现和流通；海外贸易发达。

3. 教师总结，加深学生的印象，并介绍宋元时期的社会生活状况，学生讨论并画出思维导图。

九、板书设计

宋元时期商业繁荣的表现

（1）商品种类丰富

（2）商品交易打破了时间和空间的限制

（3）纸币的出现和流通

（4）海外贸易发达

图 10-1-3　板书设计图

教学反思

拼图法让学生真实地体验历史

——基于同一节课两次不同的实践对比反思

一、背景分析

本课的主要内容是“宋元时期的商业和城市”。相对于初一的学生来说，尤其是对农村地区的学生来说，理解商业和城市有一些难度。教授这一课时，我采用了两种不同的教学方式，第一种是按照课标、教材及考点采取师问生答的方式，第二种是根据“以学生为本”教学法，重新整合教学内容，采用“学生研究、教师指导”的形式。

为了使学生对这一时期的社会生活状况有进一步的了解与体会，按照第一种教学形式，我运用丰富的图片资料和视频资料，利用《清明上河图》，带领学生走进这一时期的商业与城市。因为相对于文字史料，图片和视频对学生来说更容易接受、更有趣。

课堂的导入环节，我利用的是根据《清明上河图》中的相关资料制成的小视频，学生观看视频后，教师提问：“通过观看视频你有什么感受？”学生回答：“此时商业繁荣，还有夜市的出现。”教师追问：“我们接下来学习这一时期商业繁荣的表现。”教师提供一张《清明上河图》的店铺局部图并提问：“猜一猜这些店铺都是从事哪些商品交易活动的。”学生回答：“香料、绸缎、住宿、餐饮等。”教师进一步追问：“有这么多从事不同门类的店铺，体现了什么现象？”学生回答：“商业的繁荣。”最后教师总结出商业繁荣的第一个表现是商品种类繁多。

第一种教学的最大优点是通过视频及图片调动了学生的积极性，在整个课堂中，学生通过教师提问自己回答的方式参与到课堂当中。然而这种方式最大的问题是，在整个教学过程中教师处于主导地位，整个教学环节都是由教师提前设计的，学生只是被动地回答教师的问题，且不是每一个学生都能跟上教师的思路。有的问题是一两个学生答出来的，而我就默认全体学生已经掌握。另外学生明显缺少自己在学习过程中的生成性问题及思考。所以在课堂最后几分钟，当我让学生自己独立完成这节课重点知识的思维导图时，有三分之一的学生并没有画出来，这就意味着这节课他们只是跟着老师听了一遍，最终的学习收获并不是我最初所预设的。

采用这种教学方式后我很困惑，在备课时我收集了很多资料，旨在调动学生的积极性，课堂氛围也很活跃，而最终学生的落实却不尽如人意，根本原因是我忽视了学生的生成性，未能真正做到以学生为本。

在之后“以学生为本”的培训中，“以学生为本”的课堂使我眼前一亮，充分利用学生的潜能和已有的知识解决新的问题是非常重要的，既可以复习旧知识，又可以提高学生学习的自信心。“以学生为本”的培训旨在帮助教师通过各种方式调动学生参与课堂的积极性。在学完“以学生为本”教学理念之后，我采取了其中的一些方法重新教授“宋元时期的商业和城市”，产生的效果有了很大的不同。

二、情境呈现

本节课所用的资料和第一种教学方式所用的资料一样，只是教学形式发生了变化。我把“以学生为本”教学法中的相关工具用到本节课教学中，根据学生平时上课及考试成绩的表现，我把全班 30 名学生分成 6 组，每组 5 个成员，每个成员都有分工，学生通过抓阄的形式知道自己的职责（小组长、汇报人、领条人、记录人、书写人）。学生领到自己的任务时，感到非常新鲜、有趣，非常期待自己的任务。这样分组的目的是让不同学习水平的学生发挥不同的作用，尤其是学习成绩好的学生可以带动学习成绩稍差的学生，达到提高课堂效率的目的。

接下来上课时我采用拼图的方式，把相关的学习内容写在四张小纸条上。这四张小纸条上的内容如下。

第一张小纸条提供《清明上河图》的店铺局部图以及几个小问题：材料中有很多店铺，猜一猜这些店铺都是从事哪些商业活动的。有这么多从事不同门类的店铺，请说出商业繁荣的一种表现。

第二张小纸条提供唐长安城和北宋东京城的对比图以及三个小问题：你发现这两个都城有哪些区别？除此之外，你发现北宋时期的城市还有哪些特点？这两个发现反映了什么问题？

第三张纸条提供了两段史料和问题：这两则材料分别体现了什么问题？纸币的出现反映了什么问题？

第四张纸条提供了《宋代海外贸易图》和问题：从地图中你能发现什么？这一发现体现了什么问题？

通过提供图片史料和文字史料，帮助学生进行研究。但是由于初一的学生学习历史的时间较短，历史思维还未建立，所以在此过程中需要发挥教师的主导作用。每则材料和图片都设计了相关问题，学生参与探讨、思考的过程并得出答案。

在“以学生为本”教学法实施的过程中，每组首先分到第一张纸条，接下来哪个组最先分析出问题，哪个组就最先领取下一张纸条。为了确保小组中每个人都能答出问题，在汇报人汇报结束后，教师随机找该组基础较差的学生回答问题，这样既加强了各组之间的竞争，又确保了每个学生都能理解问题。等到四张纸条上的内容全部完成以后，每组的记录人把得到的答案抄写到黑板上，全体学生共同分析学习过程中容易出现的问题以及重难点；教师再进行简单的点评，这样确保每个学生基本掌握内容。(见图 10-1-4)

图 10-1-4 分组活动

当分好小组、学生领到自己第一张纸条任务时，每组学生都在争分夺秒地解决纸条上的问题。这时，一位同学惊奇地说："有这么多店铺呢？我们来看看都是卖什么的吧！"另一个同学马上说："老师我能猜出来'王家罗明匹帛铺'是卖丝绸布匹的，'杨家应症'是看病的。"我马上走过去对他说："你们猜得很对，那请再仔细看看其他几个店铺，通过店铺名称能不能推断它们的功能？注意利用文言文进行推断，文言字词并不像你们想象的那么难。"该小组成员马上低头开始分析一些文言字词，并且很快得出了答案。我马上鼓励学生："你们组的答案很好，但是不要大声说出来，万一别的小组'窃取'你们的成果怎么办？请记录员用笔记下来。"听我这么一说，学生们马上安静下来钻研下一个问题，并在纸上记录了他们的成果。

当这节课用"以学生为本"教学法引导学生总结出答案以后，我找了几个小组的同学把他们的答案抄写在黑板上，然后再利用传统的 PPT 公布答案。学生之前已经对材料有了自己的分析，并且组内也有讨论，我也对极个别学生进行了辅导，所以当最终公布答案的时候，学生们非常认真地思考自己的想法和答案有何不同，达到了我设计该环节最初的目的。

在这节课快结束的时候，利用"以学生为本"教学法的工具"慢写作"，给学生 5 分钟时间，利用思维导图的方式，画出这节课的重点，再一次梳理本节课的线索以及重难点。在课堂中，学生的参与非常重要，教师如何组织课堂也同样重要，二者密切配合才能打造高效课堂。

三、聚焦分析

比较这两次教学实效的变化，我有很大的启发。在历史学习中，激发学生兴趣是非常重要的。学生是学习的主体和学习的参与者，传统的课堂主要以教师的讲授为主，教师负责教，学生负责学，形成了"我听你讲，我问你答，我写你抄"的专制型教学关系（孙爱妮，2011）。在这种教学关系下，学生不是主动去学，而是被动地接受，学生的思维受到了限制，可能会在上课时出现走神、跟不上老师上课节奏的情况，导致对学习兴趣不大，更不用说是否爱学、会学、学会。

如何进行课堂教学是大家一直在探讨的问题，教育学界也有很多相关的理论，在阅读和学习相关理论的时候，建构主义教学理论对我的启发很大。建构主义教学理论强调学生的巨大潜能，认为教学要把学生现有的知识经验作为新知识的生长点，引导他们从原有的知识经验中“生长”出新的知识经验。

建构主义者认为，知识不是通过教师的传授获得的，而是学习者在一定的情境即社会文化背景下，借助其他人（包括教师和学习伙伴）的帮助，利用必要的学习资料，通过意义构建的方式获得的。学习是个体建构自己知识的过程，这意味着学习是主动的，学生不是被动的刺激接受者，他要对外部信息做主动地选择和加工，因而不是行为主义所描述的刺激—反应过程。而且，知识或意义也不是简单的由外部信息决定的，外部信息本身没有意义，意义是学习者通过新旧知识经验间反复的、双向的相互作用过程构建而成的。其中，每个学习者都是在以自己原有的经验系统为基础对新的信息进行编码，构建自己的理解，同时原有知识又因为新经验的进入而发生调整和改变，所以学习并不是信息简单的积累，它也包含由于新旧经验的冲突而引发的观念转变与结构重组。学习过程并不是信息简单的输入、储存和提取，而是新旧经验之间的双向的相互作用过程（袁振国，2011）。帮助学生充分运用和调动旧知识来解决新的问题，这需要教师在教学过程中设置恰当的“问题链”并且进行巧妙的引导。

本次课堂教学旨在通过运用“以学生为本”教学法，调动学生的积极性，提高学生的学习兴趣，尤其是在拼图环节，通过游戏的方式，调动了学生的好胜心，在好胜心的驱使下，学生更加积极地融入课堂。在这一环节，重要的是教师事前要把活动的步骤清楚地呈现，避免在实施中出现一些混乱的现象。为了保证每位学生都参与，教师务必对一些学生多加关注，如果条件允许的话，可以让同学科的老师协助组织活动，这样可以保证活动有效、有序地进行，也可以更多地关注学生在课上的反应。

通过这种形式，每一步任务都是学生自主完成的，在整个过程中，学生是课堂的参与者，教师是课堂的引导者。在学生进行活动的时候，我发现了很多之前没有发现的现象，如学生读不懂题目的设问，这需要进一步加强学生阅读能力与做题方法的训练，这也是接下来教学需要注意和加强的地方；个别学生很难加入组内讨论中，这需要教师在课程进行中给予提醒和指导；个别学生非常有组织能力、集体荣誉感，对这些学生需要调动其积极性，让他们在以后的课堂当中发挥重要作用。

本节课的教学需要教师提前做好充分的准备，包括如何分组，让每个小组成员的功能发挥到极致；如何准备材料及设置问题，问题的设置需要符合学生的认知水平和认知能力；需要教师在活动过程中不断根据学生的情况进行指导，在上课的过程中既要关注整个课堂的状况又要重点关注个别学生的学习状态，确保教学顺利进行并且所有学生都有所收获。

本节课还有一些不足之处，在分组进行活动的时候，有个别学生依靠别的同学的发言得出答案，参与活动的热情不高，针对这类学生，可以给他们单独布置任务，防止其无所事事；还有个别学生趁讨论的机会把话题说远，甚至说和课堂无关的话，这种情况需要小组长充分发挥监督制止的作用。“以学生为本”教学法的运用需要教师在课堂中不断地发现问题、解决问题，还应该多发挥一些优秀学生的带动和示范作用。

四、结语

总之，这节课师生的收获都很大。通过这种学生参与的形式，可以更多地发现学生的优点及问题，可以有效地调整下一阶段的教学。学生通过拼图的形式真正掌握了本节课的重点内容。在本节课结束的时候，90%的学生能够通过思维导图画出了这节课的重点，真正达到了学生落实。这也对我以后的教学有了很大的启示，即不是关注教师向学生传授了多少知识，而是关注学生最终掌握了多少知识。

以下是部分学生的反馈：

“我很喜欢分组讨论解决问题，这样可以使我们加深对知识的认知，在有不同建议的时候，经过讨论我们记得更深。如果有错误，我们就会记住，不会再犯。不过小组讨论也有缺点，会让‘有心人’抓住说话的机会，打乱课堂纪律。”

“我觉得小组讨论很好，我觉得这节课比别的课学习的知识要多一些。

因为在讨论时我们会争辩，会改正很多说错的东西，还会听到别人说很多自己不知道的事，我觉得以后要多组织小组讨论。”

专家点评

这节课最大的亮点就是教学观念的转变，体现了“以学生为本”的理念。新课程提出学生要进行深度学习，成为积极主动的学习者。该教师运用拼图、小组合作探究、交流、慢写作等方法把课堂的主动权还给了学生，激发了学生的学习兴趣。教师在问题中引发学生思考，让学生在充分的交流中形成自我认知，非常符合新课程下“以学生为本”的理念。另外，思维导图充分体现了历史事物之间的逻辑关系，应当坚持使用。

这种课堂模式值得提倡，但在操作过程中一些细节问题值得思考：看似热闹的课堂中，学生是否真正掌握了基础知识？教师的点拨、引导是否到位？学生的交流是否变成了模式化？

第十一章
“以学生为本”的教学设计：初中地理

案例 11

九年级地理复习课“世界主要气候类型分布”

专家箴言

设计具有思维价值的、分层的学习活动，有利于帮助学生自主建构复杂的大尺度地理空间分布规律。

教学设计

一、课标要求分析

本节课着重落实《义务教育地理课程标准（2011 年版）》（简称《地理课标》）“在世界气候分布图上说出主要气候类型的分布地区”的要求，是气候这一主题内容的一部分。

《地理课标》对气候的要求，涵盖了识别描述、说明归纳、分析归纳三个层次，从学生获得的角度来看，学生需要达到“一画三读”的水平。

画图表：运用气温降水量资料，绘制气温曲线和降水量柱状图。【识别描述】

读图表：阅读气温曲线和降水量柱状图，描述气候特征。【识别描述】

读地图：阅读世界气候类型分布图，认识到世界气候类型复杂多样，并能够在图上说出主要气候类型的分布位置，分析其影响因素（纬度位置、海陆分布和地形）。【分析归纳】

读资料：说明气候对生产和生活的影响。【说明归纳】

其中，画图表是为读图表做准备的，学生只有能准确地绘制气温曲线和降水量柱状图，才能在读图表时快速提取关键的气候数据，读出各种气候类型的气温和降水特点。

学生能够读图表之后，进一步通过读地图认识到气候类型的复杂多样和地理位置的规律性，再结合图表的对比阅读，发现降水和气温的差异，从而养成从整体性和差异性的角度去认识世界主要气候类型分布规律的地理素养。读地图这一学习层次正是本节课的学习目标。

二、学习内容分析

本节课教学内容“世界主要气候类型分布”，是初三气候主题复习课“一画三读”中的一个承上启下的环节：学生读地图。（见图 11-1-1）

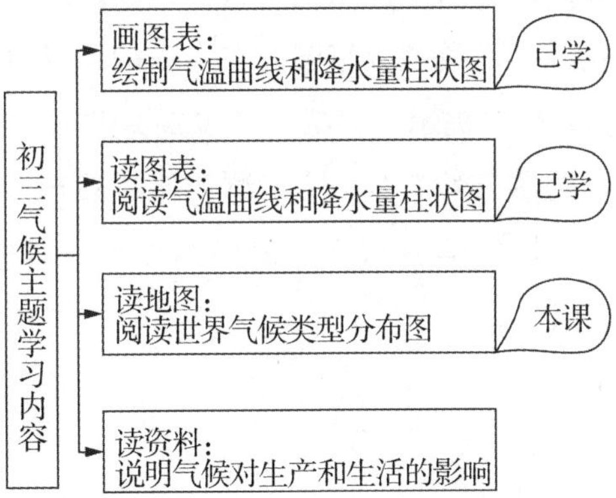

图 11-1-1 初三气候主题学习内容图

这部分学习任务具有这样的特点：第一，世界气候类型分布图上有近十种气候，内容庞杂。同时，实践性和趣味性较差，气候种类多，重复性的阅读会降低学生的学习兴趣。不过，经过初二的学习，学生对气候类型的名称较熟悉，并对气候景观有了一定的感性认知。第二，读图归纳地理分布规律的目标难度大，学生不知道从什么角度来归纳，很难想到纬度位置和海陆位置这两个角度。第三，非地带性气候的不规律分布，会干扰学生对地带性现象的提取过程。

三、学生情况分析

学生在此之前学习了“北京的气候”，掌握了画图表和读图表的方法，即能够运用气温降水量资料，绘制气温曲线和降水量柱状图，并描述气候特征。学生开始复习“世界气候”专题，能够在读图表的基础上，识别世界主要的气候类型。

课前，我用一道世界气候分布图的阅读题对本班学生进行了摸底测试，发现不少学生阅读世界气候分布图时比较生疏、难以入手，说出某气候类型分布位置时犹豫不决。可见，世界气候分布图中大量的气候名称加大了学生的阅读难度和畏难情绪，归纳分布规律是学生学习的一个难点。

四、学习目标

（1）阅读气温曲线与降水量柱状图，巩固读图表的方法。

（2）能够参考世界气候类型分布图，在空白的世界气候分区图中填涂出某一种气候分布区，并根据提示语言描述其位置特点。

（3）通过参与“身临其境”“大使巡游”等游戏环节，合作归纳出世界气候类型分布规律，掌握气候分布规律的归纳方法。通过小组之间的对比，简单分析气候的影响因素。

五、学习重点

根据《地理课标》对本节课的要求，制定出“归纳世界主要气候类型的地理分布规律”的学习重点。

六、学习难点

归纳世界主要气候类型的地理分布规律。

世界气候类型分布图内容庞杂，面对近十个待研究的气候图例，学生思想上容易“临阵脱逃”；归纳气候的整体分布规律，更是无从下手；多彩的气候虽美，却很难与极少旅行的学生形成共鸣。因此，归纳世界主要气候类型的地理分布规律成为本节课的学习难点。

本教学设计通过减少读图任务量来降低学习难度：每个学生充分利用已有的知识、经验，重点完成某一种气候类型的相关任务，掌握分布位置描述的方法；用“身临其境”游戏和大气球等道具，强化纬度位置和海陆位置这两个概念，提高学习的趣味性；学生讨论与汇报时，相互学习，完善认知结构。

七、学习流程

表 11-1-1　学习流程表

学习步骤和目标	SCL 工具	学习过程
丰富感知，引发思考	头脑风暴	1. 通过照片，看世界各地的景观。 2. 说说某某地方会是什么样的气候。
阅读图表，识别气候	步步为营	1. 读任务清单上的气温曲线图和降水量柱状图，描述气候特征。 2. 识别出气候类型，并将其作为自己聚焦研究的特定气候。
阅读地图，寻找气候	步步为营	在自己的世界气候空白图中，用彩色画笔填充出该气候在全世界的所有分布区域。
归纳信息，深化认知	步步为营	阅读自己填涂的气候专题图，总结其在各大洲分布的纬度位置和海陆位置的共同之处，并填写任务清单。
情景模拟，认知强化	身临其境	游戏规则： 1. 在教室内部进行亚欧非大陆情景模拟：陆地假设、海域假设和纬线假设。 2. 每个学生根据自己的海陆位置、纬度位置找到自己的座位。在新座位区，同气候的几名学生结伴组成 1 个气候小组，资料共享。共形成 8 个小组。
讨论分享，交流提升	大使巡游	游戏规则： 1. 小组合作完善任务清单内容和气候空白图的填图任务。 2. 小组“大使”出访其他小组，巡讲本组成果，了解其他小组的研究情况和气候差异。 3. 回到组内针对其他小组的建议继续完善本组成果，讨论气候差异的成因。 4. 每组两名汇报员上台展示。
规律归纳，认知建构		1. 教师小结全世界气候分布的总体规律。 2. 学生阅读地图册上的世界气候类型分布图，绘制简易的世界气候分布规律图。

八、教学过程

表 11-1-2　教学过程表

教学步骤	SCL工具	教学过程	活动目标	时间安排（分钟）
丰富感知，引发思考	头脑风暴	学生看世界各地不同的气候景观照片。 教师解说：精彩地理世界，多姿世界气候。看照片，感受世界各地不同的气候，不同的景观。春夏秋冬，阴晴冷暖，风云变幻，气象万千。世界上的气候类型多样，这些气候的分布有什么规律可循吗？这节课，我们每一名同学以一种气候为例，去探寻气候分布的位置规律。	丰富感知，引发思考。	1
阅读图表，识别气候	步步为营	使用任务清单和一张景观照片。 读任务清单上的气温曲线和降水量柱状图，描述气候特征并填空，识别气候类型并填空：我们是________气候（小组），气候特点：________。 此环节，共有 8 种不同的任务清单，相邻的学生拿不同的任务清单，气候类型判读能力较弱的学生拿到相对简单的任务清单。	运用学过的方法，阅读气温曲线和降水量柱状图，判断气候类型。	4
阅读地图，寻找气候		使用世界气候类型空白图。 将任务清单上自己识别的气候类型作为需观察的气候。参考八年级上册地理图册中的世界气候类型图，在自己的世界气候类型空白图中，用彩色画笔填充出自己研究的气候类型在全世界的所有分布区域。	在世界气候类型分布图上，精准提取目标气候区域。	4

续表

教学步骤	SCL工具	教学过程	活动目标	时间安排（分钟）
归纳信息，深化认知	步步为营	继续填写任务清单：描述海陆位置和纬度位置。 认真阅读自己填涂的气候专题图，写出该气候分布在哪些大洲。总结其在各大洲分布的纬度位置和海陆位置的共同之处，从海陆位置和纬度位置两方面来归纳该气候的地理位置特点，填空： 我们分布在______（洲）。 海陆位置：位于大陆的______岸（方位）。 纬度位置：_______（写出大致的纬度范围）。	认知纬度位置和海陆位置。	4
情境模拟，认知强化	身临其境	游戏规则：在教室内部进行地理位置的情境模拟。 ①陆地假设：假设座位区域为亚欧大陆和非洲大陆，如下图中的深色区域，忽略大陆内部的海域（地中海、红海、波斯湾、里海、黑海等）。 墨绿色大陆区域上的每一个蓝色方块为一个座位，共有6排座位。 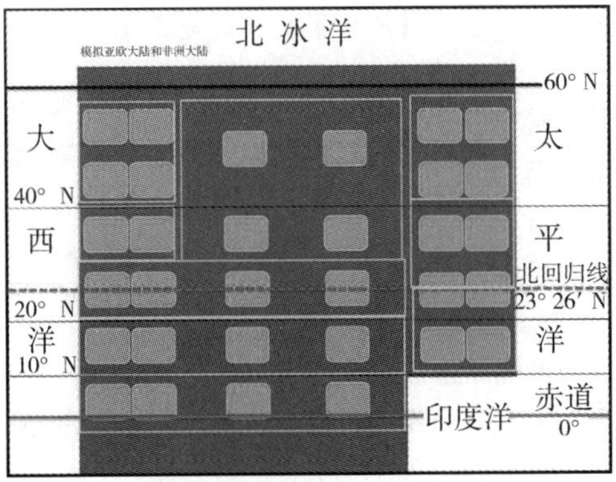	利用学生资源，化解难点：强化海陆位置和纬度位置这两个思考气候问题的重要角度。	5

续表

教学步骤	SCL工具	教学过程	活动目标	时间安排（分钟）
情境模拟，认知强化	身临其境	②海域假设：讲台区域为北冰洋，墨绿色大陆区域的左手边为大西洋，右手边为太平洋，后排相应空区为印度洋。 ③纬线假设：假设第六排座位的南端为赤道，第五排座位的南端为10°N，第四排座位的南端为20°N，北回归线穿过第四排座位的桌面，第三排座位的南端为30°N，第二排座位的南端为40°N，第一排座位的南端为50°N，第一排座位的北端为60°N。 ④图中的每一个橘色方框表示一个气候区域。 ⑤每一名学生根据自己归纳的海陆位置和纬度位置，找到与本气候相对应的座位。 全体学生拿好自己的课堂学习资料和用具，离开原座位，寻找与自己研究的气候相对应的新座位。可以寻求教师和同学的帮助。 在新座位上，遇到与自己研究的气候相同的同学，结伴成一个气候小组。	利用学生资源，化解难点：强化海陆位置和纬度位置这两个思考气候问题的重要角度。	5
讨论分享，交流提升	大使巡游	游戏规则： ①每一个气候小组内部选出一个“大使”和两个汇报员。小组内部讨论和完善任务清单和世界气候类型空白图的填图任务，之后，“大使”就去访问其他小组，讲解本组的研究成果并了解其他小组的研究情况。获得新的信息之后，“大使”迅速回到本组完善成果。 ②“大使巡游”，寻找气候邻居，对比任务清单上气温曲线和降水量柱状图的差异，讨论产生气候差异的原因。 ③两名汇报员上台展示（教师先辅助示范）。 一名汇报员双手举起一张填充完善的气候专题地图，另一名汇报员将一份任务清单贴在黑板上模拟大陆的合适位置，并结合气候专题地图，讲解任务清单的内容。	查缺补漏，互相学习。	20

续表

教学步骤	SCL工具	教学过程	活动目标	时间安排（分钟）
规律归纳，认知建构		教师小结气候分布的总体规律。 教师摘掉黑板上的任务清单，学生自己阅读地图册上的世界气候类型分布图，重点关注其他气候类型分布的特点，绘制出简易的世界气候分布规律图。 小组内部可以讨论。 余下的部分作为课下研究任务。	巩固认知，方法迁移。形成气候分布的规律意识。	2

九、板书设计

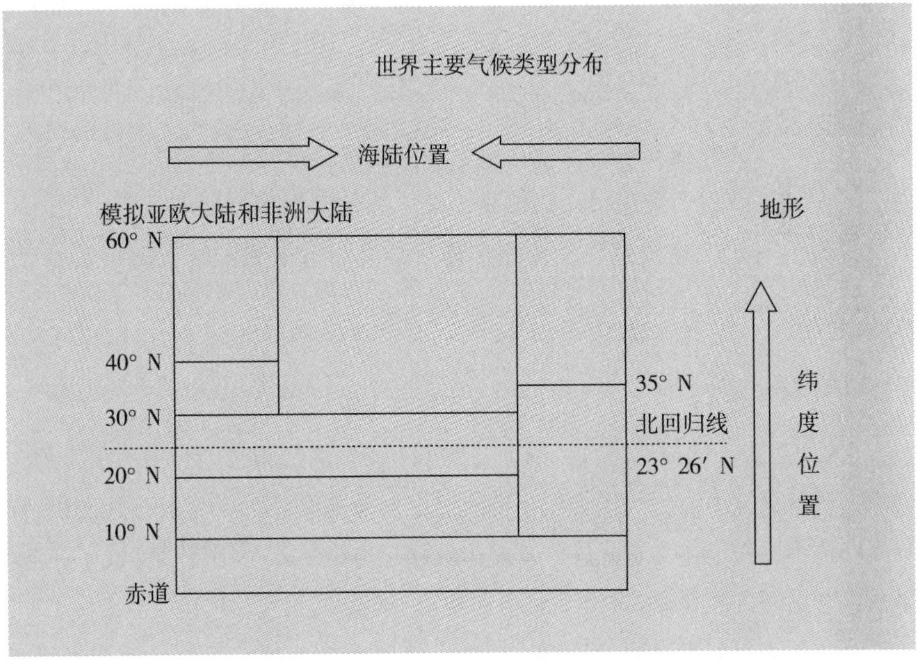

图 11-1-2 板书设计图

注解：小组汇报员在模拟大陆时张贴代表特定气候的任务清单，并讲解任务清单的内容。

教师总结提升：通过任务清单之间的对比，引导学生思考气候的影响因素（海陆位置、纬度位置和地形）。

教学反思

世界气候分布复杂枯燥，初三学生如何轻松应对

一、背景介绍

初三学生复习世界气候类型分布规律，一直是一项较难的学习内容：世界气候类型分布图内容庞杂，面对近十个待研究的气候图例，学生们思想上容易“临阵脱逃”；归纳出气候的整体分布规律，更是无从下手；多彩的气候虽美，却很难与极少旅行的学生形成共鸣。所幸，一节“以学生为本”的专题课，化解了学生的学习障碍。

这是一节任务驱动下的课堂，学生利用几组难度不同的任务链，通过思考、参与知识获得的过程来认知规律。学生学习的主要目的不是记住知识内容，而是参与知识建构过程。教师要暗中给他们搭支架，给予指导和提示，让学生体会圆满完成任务的喜悦（郑淑晖，2007）。

二、情境再现

“大使巡游”的最后环节，每个气候小组派两名汇报员上台展示手绘的专题图，讲解自己小组的气候类型、特点与全球分布规律。学生通过地图讲解、倾听交流等过程，强化了气候分布规律的描述方法。八个小组都完成了任务：能够结合地图，准确地提取出气候分布规律。小组的真实表现让人惊喜！

一名汇报员思路清晰地介绍：“这是温带季风气候，主要位于亚洲的东岸。纬度位置，可以看图上北回归线向北的一条实线，它是30°，温带季风气候主要在北纬35°—65°。相邻的气候是温带大陆性气候和亚热带季风气候。温带季风气候只分布在亚洲。”这个小组轻松、准确、简洁地描述了温带季风气候的分布规律。

另一个小组的一名学生双手举起一幅现场绘制的气候专题地图，另一名学生自信满满地指着地图进行介绍：我们是热带雨林气候（小组），气候特征是全年高温多雨。我们分布在非洲、亚洲、大洋洲、南美洲，还有北美洲的一部分。纬度位置是23°26′N到23°26′S，也就是赤道附近。海陆位置，在美洲、大洋洲，还有亚洲，是在大陆的两岸；在非洲是在大陆的西岸。在非洲相邻的气候是热带草原气候，在亚洲部分相邻的气候是往北的中南半岛的热带季风气候，澳大利亚这里也有一块是热带雨林气候，和它相邻的是亚热带季风气候和亚热带湿润气候。

这个小组在归纳热带雨林气候的纬度位置时，受到气候分布非地带性现象的干扰，描述的纬度范围偏大，但由于非地带性现象在初中地理教学中不涉及，因而学生把它囊括进去也是允许的。他们能够从纬度位置和海陆位置这两个角度去读地图和总结规律，就达到了学习目标。

那么，“以学生为本”的教学设计是如何化解初三学生复习世界气候分布规律难题的呢？

三、聚焦分析

本节课主要通过“学情前测诊断，任务难度分层”“独立学习与合作学习有机结合”和“巧用学生资源，‘身临其境’化解难点”这三方面的努力来实现高效的小组任务驱动，从而突破学习难题。

（一）学情前测诊断，任务难度分层

美国著名实用主义哲学家、教育家约翰·杜威认为，教育要以学生的个体经验为基础、为中心，教育始于学生经验，并指导着学生朝着有价值的经验方向发展。他强调，在教育中要认识、理解、研究学生经验，要对学生的各种经验加以鉴别，根据学生经验的不同特点给予指导和帮助，如此学生经验就能得到不断的发展（何芳，2012）。

为了明确学生经验，做到因材施教，我通过习题检测法和谈话法，对全班学生进行课前调查，深入掌握每一名学生的课前认知水平，初步了解其课前学习动机，并在学情分析表中详细记录每一名学生的情况。

调查课前学生认知水平的目的在于，掌握学生对相关旧知识的熟悉度，寻找学生的旧知识与即将学习的新知识之间的“最佳接近区”，以形成教学过程中的有效教学策略（庞玉崑，2012）。

本节课“世界主要气候类型分布”是初三气候专题复习课的一部分，学生需要达到“一画三读”的学习水平，即画图表—读图表—读地图—读资料。本节课是其中一个承上启下的学习环节：学生读地图。因此，分析学生本节课的学前认知水平，主要就是分析学生画图表、读图表的能力水平。

批改完学生检测题后，我对学生答案进行统计和分析，确定每个学生的错误点、错题数量和原因，制作了一个学情分析表（见表 11-1-3）。

表 11-1-3　初三（4）班学情分析表——气候（摘取部分学生）

姓名 学习要求	＊凯	＊菲	＊云鹏	＊子月	＊明珠	＊家豪	＊冉	＊佳	＊兆阳
A1 绘制气温曲线	A1	A1	A1	A1	A1	A1	A1	A1	A1
A2 绘制降水量柱状图	A2	A2	A2	A2	A2	A2	A2	A2	A2
B1 描述气温特点	B1	B1	B1	B1	B1	B1		B1	B1
B2 描述降水特点	B2	B2	B2	B2	B2	B2		B2	
C1 判断气候——以温定带	C1	C1		C1	C1	C1		C1	
C2 判断气候——以水定型	C2	C2				C2			
对相关知识的掌握程度	ABC	ABC	AB	ABC1	ABC1	ABC	A	ABC1	AB1
学前需求程度	喜欢	喜欢	未知	喜欢	未知	喜欢	冷淡	一般	冷淡

根据相关知识能力的学情分析表，将全班学生对相关知识的掌握程度分为 A、AB1、AB、ABC1、ABC 五种类型。其中 A、AB1、AB、ABC1 四类学生，需要给予一定的课下辅导，明确其困难原因。

本节课的任务清单共有 8 类（见图 11-1-3），其难度分为如下。

Ⅰ级：①，北京的温带季风气候，是我们使用频率最高的典型案例。

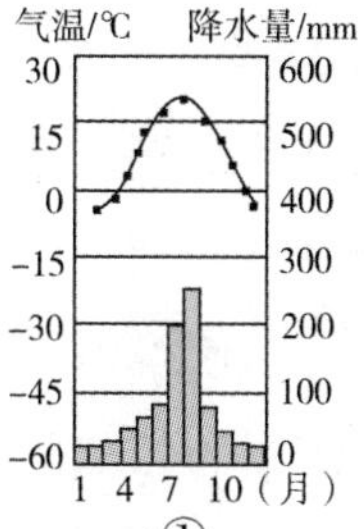

①

我们是________气候（小组）
气候特点：________
我们分布在________洲。
海陆位置：位于大陆的__岸。
纬度位置：________
（写出大致的纬度范围）
我们相邻的气候有：

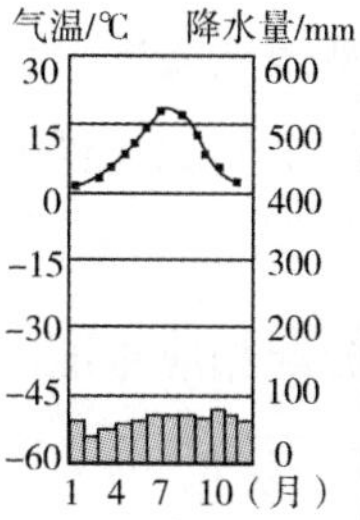

②

我们是________气候（小组）
气候特点：________
我们分布在________洲。
海陆位置：位于大陆的__岸。
纬度位置：________
（写出大致的纬度范围）
我们相邻的气候有：

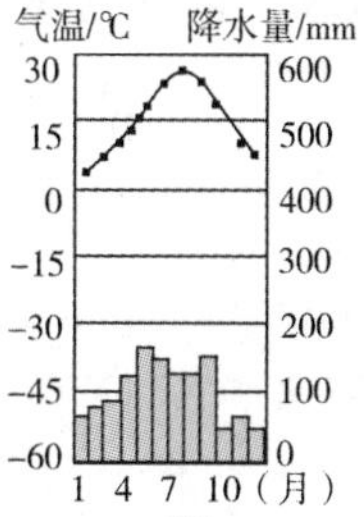

③

我们是________气候（小组）
气候特点：________
我们分布在________洲。
海陆位置：位于大陆的__岸。
纬度位置：________
（写出大致的纬度范围）
我们相邻的气候有：

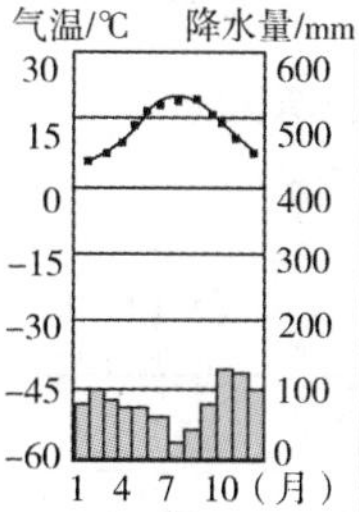

④

我们是________气候（小组）
气候特点：________
我们分布在________洲。
海陆位置：位于大陆的__岸。
纬度位置：________
（写出大致的纬度范围）
我们相邻的气候有：

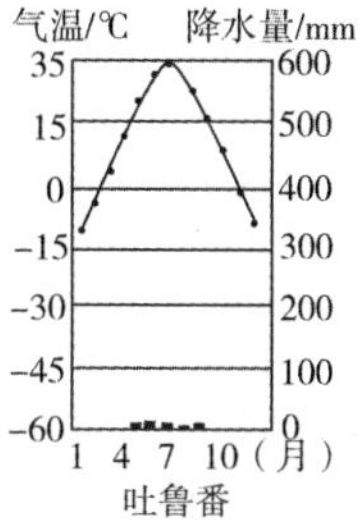

⑤

我们是________气候（小组）
气候特点：________
我们分布在________洲。
海陆位置：位于大陆的__岸。
纬度位置：________
（写出大致的纬度范围）
我们相邻的气候有：

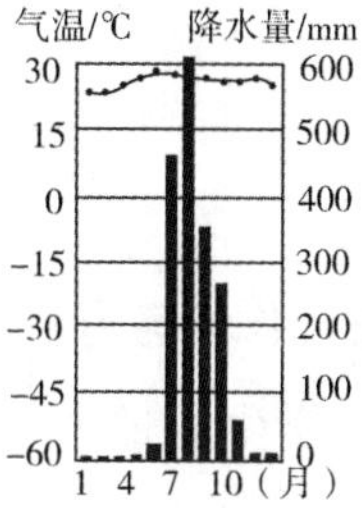

⑥

我们是________气候（小组）
气候特点：________
我们分布在________洲。
海陆位置：位于大陆的__岸。
纬度位置：________
（写出大致的纬度范围）
我们相邻的气候有：

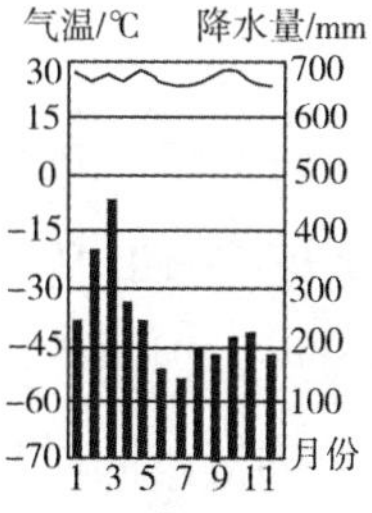

⑦

我们是________气候（小组）
气候特点：________
我们分布在________洲。
海陆位置：位于大陆的__岸。
纬度位置：________
（写出大致的纬度范围）
我们相邻的气候有：

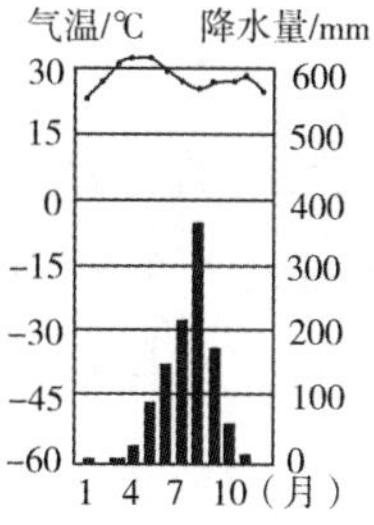

⑧

我们是________气候（小组）
气候特点：________
我们分布在________洲。
海陆位置：位于大陆的__岸。
纬度位置：________
（写出大致的纬度范围）
我们相邻的气候有：

图 11-1-3

Ⅱ级：⑦，热带雨林气候全年高温多雨的特征，很容易辨识。

Ⅲ级：②③④，掌握气候的突出特征，是较难识别的气候类型。

Ⅳ级：⑤⑥⑧，陌生的⑤是课堂上和习题上都没有涉及过的案例，⑥⑧易混淆。

根据学生类型，分配相应难度的任务清单（见表 11-1-4），使得每一名学生都能够复习气候类型的判读方法，并能够快速完成任务清单的相应复习内容，提高信心，从而有效地参与后续的“身临其境”“大使巡游”等课程核心环节。同时还要保证每一种气候清单有 3 名以上学生领取，且这几名学生不完全是同一学习层次的。

表 11-1-4　任务清单表

学生类型	任务清单
A	Ⅰ级：①
AB1	Ⅱ级：⑦
AB、ABC1	Ⅲ级：②③④
ABC	Ⅳ级：⑤⑥⑧

（二）独立学习与合作学习有机结合

在独立学习环节，学生通过个体思考，不借助外在的力量去实现学习目标，能够充分调动自己的智慧，开动脑筋去分析。他们的思维将得到极大的锻炼和深度的发展，独立思考问题、分析问题和解决问题能力都将获得较大的提高。

合作学习能够形成智力的合力。合作学习不只使学习有“1+1=2”的效果，还有可能产生“1+1>2”的效果，从而使一个人不能完成的学习任务通过合作学习得到有效完成。合作学习可以促进创造性思维的发展，因为学习者相互的合作增加了观点的数量、质量，激发了学习者的参与热情，同时也增加了解决问题的创新思路。

有些学习任务是复杂的，只靠个人很难完成，往往需要多人合作发挥集体智慧，这时就需要合作学习。

有些学习任务只需要个人努力就可以完成，这时就要运用独立学习。这就是说，经过个体思考可以习得、领悟的知识、技能，根据已有的经验可以体悟的情感态度与价值观，可以完全独立解决的问题，就应该依靠个人能力解决，尽量不借助外力。这不仅是学习习惯的养成问题，也涉及一个人精神品质的培养。

总而言之，从学习的职能来说，独立学习解决现有发展区的问题，合作学习解决最近发展区的问题（韦冬余 等，2009）。

本节课任务清单的内容主要有读图表和读地图两方面。其中，读图表是上一节课学习过的方法，学生依据旧知识可以独立完成，达到复习巩固的目的。

读地图的内容是本节课的新知识，归纳世界气候分布规律对学生来说比较难。为了简化这部分学习内容，本节课将学习内容分解为两步。

第一步，使用世界气候类型空白图：用彩色画笔填充出自己研究的气候在全世界的所有分布区域。

第二步，描述海陆位置和纬度位置（填空的形式）。

这两步任务的操作性很强，每一个学生都能独立完成其中的大部分内容。但是，很多学生会做得不完整：气候分布的大洲位置没有找全；描述海陆位置的用词犹豫不决；纬度位置在各大洲有所差异，如何取舍和归纳等。这就需要学生带着问题去进行合作学习。

本节课先采用“步步为营”游戏，设置合理的任务清单激励和挑战学生，驱动每一个学生独立探究，最大限度地开动脑筋、解决问题，同时也找到自己的问题和疑惑。然后，通过“身临其境”和“大使巡游”游戏，引导学生合作学习，发挥集体的智慧，归纳出相应气候类型的分布规律。

（三）巧用学生资源，“身临其境”化解难点

本节课的难点在于强化纬度位置、海陆位置这两个概念，一方面完成本节课“读出世界主要气候类型分布规律”的学习任务，另一方面为“分析气候影响因素（纬度位置、海陆位置和地形）”做铺垫。要求学生不仅能在填空提示的情况下说出正确的纬度位置、海陆位置，还要能在没有任何提示的情况下，自觉地从纬度位置、海陆位置这两个角度分析气候的影响因素。

怎么让学生在完成任务清单内容填空之后，最大限度地记住纬度位置和海陆位置这两个角度呢？利用教室和学生资源把它们表演出来！于是，课堂教学选用了“身临其境”游戏工具。

游戏规则：在教室内部进行地理位置的情境模拟。

学生根据自己归纳的位置特征，在座位区寻找自己的座位范围。寻找的过程需要持续地判断“这里是在陆地的东岸还是西岸”“是沿海地区还是内陆地区”“纬度范围是多少”等问题，这种思维判断过程能够有效强化海陆位置和纬度位置这两个位置因素。

同时，学生的表现也各不相同：有的学生很自信地找到自己的位置，有的学生则犹犹豫豫，要寻求同伴帮助，还有个别学生会比较迷茫，需要老师的解释和指导。组成小组以后，小组合作参与“大使巡游”游戏，取长补短，迅速成长。

另外，初中学生喜欢意外、不同寻常的故事。为此，本节课特意在地中海气候座位区中部放置了一个蓝色大气球，取名为地中海气球，用它来代表地中海海域，并请地中海气候组组员怀抱地中海气球站立片刻，醒目地呈现出“此处地中海气候分布在地中海沿岸”的特殊位置关系。这个蓝色大气球，将来便会成为学生回忆课堂内容的重要钥匙。

四、结语

“世界气候类型分布规律”内容难度较大，趣味性和实践性不足，但只要教师在教学过程中充分考虑“以学生为本”，便能够轻松突破难点：持续和深入地做学情分析，基于学生的实际情况来设置学习活动；活动任务的内容要利用学生已有的知识经验，使用逻辑框架和难度不同的任务来帮助学生、激励学生，并在小组学习的背景下鼓励学生独立学习。

专家点评

教师研究教学，不外乎研究教什么、怎么教、学生怎么学以及学得如何这几个基本问题。本课教师在研究学生上下功夫是很值得提倡和学习的，坚持做下去尤为难得。因为只有如此，才能针对不同层次的学生设计分层的学习任务，使各层次的学生都能产生成功的愉悦感。借助 SCL 工具突破难点、强化重点是很有价值的尝试，其核心还是要提出具有思考价值和学科逻辑的问题引导学生真正动脑动手，真正自主学习，这样的教学充分体现了“以学生为本”的理念。

第十二章
“以学生为本”的教学设计：初中音乐

案例 12

八年级音乐新授课《献上最洁白的哈达》

专家箴言

不光是用嘴唱，更重要的是用心唱，用声音、节奏、韵律、肢体动作体验民族音乐。

教学设计

一、课标要求分析

本节课着重落实《义务教育音乐课程标准（2011 年版）》（简称《音乐课标》）中的“在唱歌教学中培养学生音乐基础知识和音乐基本技能，注重培养学生在听、唱、写、创几方面的音乐能力”的要求，丰富学生的情感体验，培养学生对生活积极乐观的态度。学生需要通过听辨节奏、演唱旋律以及创编肢体律动的方式达到“感受、体验、表现藏族歌舞弦子的音乐风格”的认知水平。

二、学习内容分析

《献上最洁白的哈达》是人民音乐出版社出版的教材《音乐》八年级下册第三单元中的一首演唱歌曲。该内容有以下几个特点。

（1）这是一首藏族民间歌舞弦子中典型的歌曲，带再现的单二乐段，五声宫调式，2/4 拍，节奏疏密相间，具有典型的藏族民歌旋律线特点，全曲既优美辽阔又婉转动听。学生对藏族歌舞弦子节奏完全不了解，所以要通过感受具有藏族歌舞弦子音乐风格的节奏练习，帮助学生了解、熟悉藏族歌舞弦子的音乐风格特点。

（2）歌曲的歌词采用的是我国民歌中常见的比兴手法，表达了藏族人民向往首都北京和热爱祖国的真挚情感。在学习活动中，要帮助学生理解歌词内容，使他们的情感世界受到感染和熏陶，在潜移默化中建立起对党、对祖国、对少数民族人民的挚爱之情，进而养成对生活积极乐观的态度和对美好未来的向往与追求。

（3）创编符合藏族歌舞弦子音乐基本节奏的肢体律动。要通过观看视频和教师示范引导，帮助学生对藏族歌舞弦子基本动作建立初步的印象，进一步感受、体验藏族歌舞弦子的音乐风格特点。

三、学生情况分析

对藏族音乐的认知：课前需提前了解学生对西藏地区音乐风格的认知程度，为本节课学生感受、理解、表现藏族民歌风格提供教学设计的依据。调研结果为90%以上的学生可以判断出歌曲《卓玛》具有西藏地区民歌风格，但其中80%的学生仅仅停留在感受的层面上，不能表达出判断的理由或依据。

对节奏的认知：80%的学生能够熟练地表现由二分、四分、八分、十六分音符组成的节奏。

对节拍的认知：75%的学生能够准确辨识二拍子音乐，90%的学生能够随音乐打出稳定拍。

歌唱表现：齐唱时能够有意识地关注音色的和谐统一，能够用手击打固定节奏型对歌唱进行伴奏。

因此，本节课在教学方法上要体现以学生为本，运用感受、体验、表现藏族歌舞弦子的音乐风格的教学策略和环节实施教学。

四、学习目标

（1）能够通过本课的学习感受、体验藏族歌舞弦子的音乐风格，增强对藏族音乐文化的情感。

（2）能够通过聆听、分析、自主探究等方法学唱歌曲《献上最洁白的哈达》，提高对藏族歌舞弦子的鉴赏能力。

（3）能够通过创编符合藏族歌舞弦子音乐风格特点的肢体律动，体验、表现藏族歌舞弦子的风格特点。

（4）能够分析总结出藏族歌舞弦子的音乐风格特点。

五、学习重点

【重点】感受与体验藏族歌舞的音乐风格。

【原因】在课前的作品音乐风格调研中，学生不能准确表达出判断作品音乐风格的理由或依据，故本节课需要重点解决这一问题。

【落实措施】充分利用学生已有的知识和经验，循序渐进地完成教学环节，通过独立听辨节奏和旋律并演唱、评价、模仿教师动作、小组讨论歌曲难唱节奏以及小组的创编展示活动，使学生以先感受再体验，最后达到用实践表现的方式了解藏族歌舞弦子音乐的基本节奏特点，感受、体验藏族歌舞弦子的音乐风格，增强学生对藏族音乐文化的认知和情感理解。

六、学习难点

【难点】创编符合藏族歌舞音乐的动作。

【原因】在学唱和欣赏之后，学生对藏族歌舞弦子的音乐风格已经有了一个初步的印象，能否创编出与音乐风格相符合的动作就成了检测学生学习效果的关键，这也是本节课的学习难点，如果学生创编的动作能够符合音乐风格，说明在体验和实践方面他们已经对藏族歌舞弦子的音乐风格有了初步的了解。

【突破措施】以教师引导、学生小组学习的形式开展创编实践活动，使学生能够发挥各自的特长和想法，在实践表现中解决问题。

七、学习流程

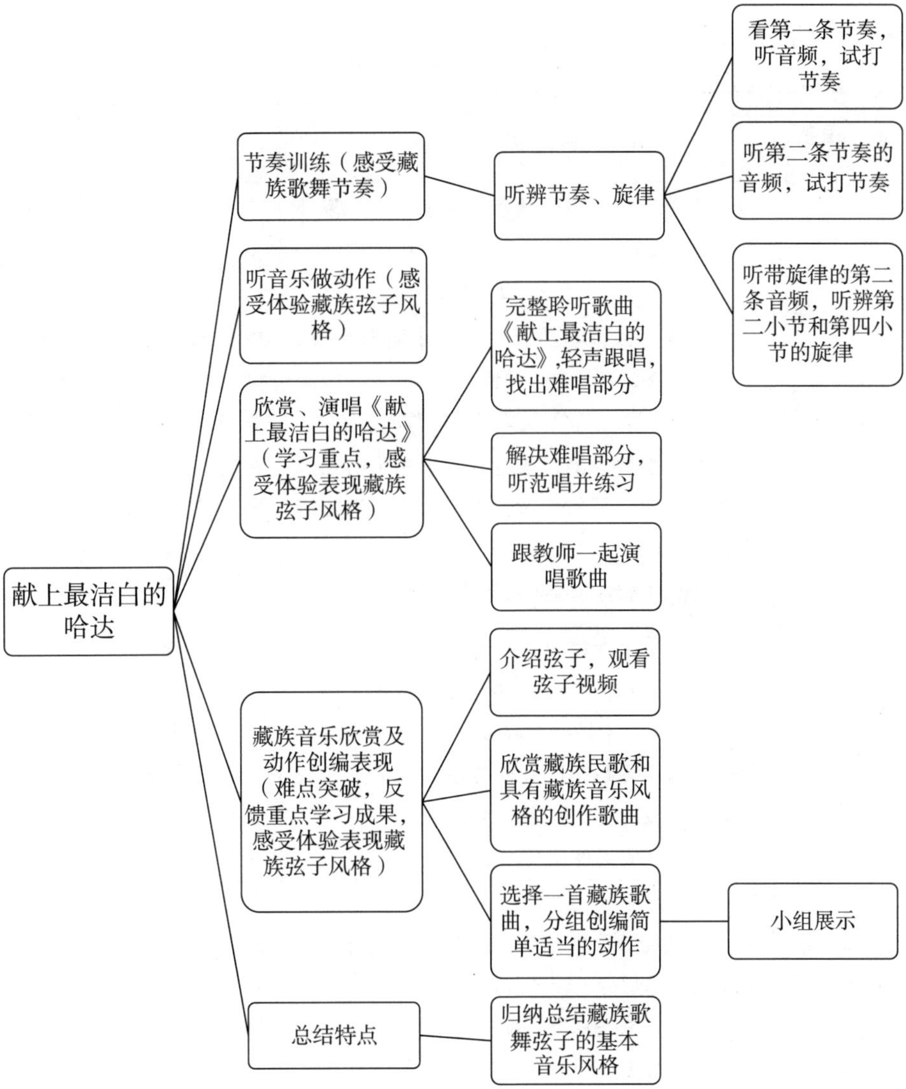

图 12-1-1 学习流程图

八、教学过程

表 12-1-1　教学过程表

教学步骤	教学过程	活动目标	时间安排（分钟）
导入 节奏训练	（1）听第一条节奏的音频，学生个人、集体试打节奏，评价。 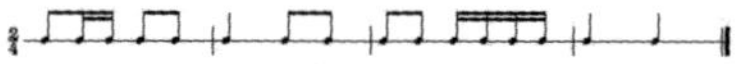 （2）听第二条节奏的音频，学生听辨节奏，个人、集体试打节奏，评价。 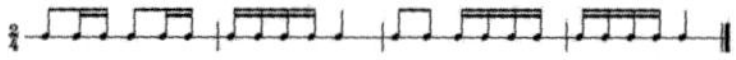 （3）听带旋律的第二条音频，学生听辨第二小节和第四小节的旋律，小组讨论，演唱旋律，评价。 	用已有技能听辨具有藏族歌舞音乐风格特点的简单节奏和旋律，为后面的学习活动做准备。	7
展开 1. 听音乐做动作	教师带领学生做蹲起（前奏）、踢踏（第一、二乐句）、拍肩（第三、四乐句）动作，聆听歌曲第一段，全体模仿教师动作，感受歌曲。 提问：刚才听到的这首歌曲你们感觉具有我国哪个地域的音乐风格？为什么？ 揭示课题《献上最洁白的哈达》。	听歌曲模仿动作，初步了解歌曲旋律，感受藏族歌舞弦子的音乐风格。	4
2. 欣赏、演唱《献上最洁白的哈达》	（1）完整聆听歌曲《献上最洁白的哈达》，小组找出难唱部分，轻声跟唱。 （2）师生一起解决难唱部分，听范唱并练习。 （3）学生跟教师一起演唱歌曲。	通过聆听、跟唱歌曲，体会、感受藏族歌舞弦子的音乐风格特点。	15

续表

教学步骤	教学过程	活动目标	时间安排（分钟）
3. 藏族音乐欣赏及动作创编表现	（1）教师介绍弦子，学生观看视频。 （2）欣赏藏族民歌和具有藏族音乐风格的创作歌曲。 （3）选择一首藏族歌曲，分组创编简单适当的动作，教师巡视指导，引导学生解决教学难点。 （4）小组展示、评价。	根据歌曲旋律设计创编符合藏族歌舞弦子音乐风格特点的动作。	16
结束 总结特点	归纳总结藏族歌舞弦子的基本音乐风格。	通过学习分析归纳藏族舞蹈弦子音乐风格。	3

九、板书设计

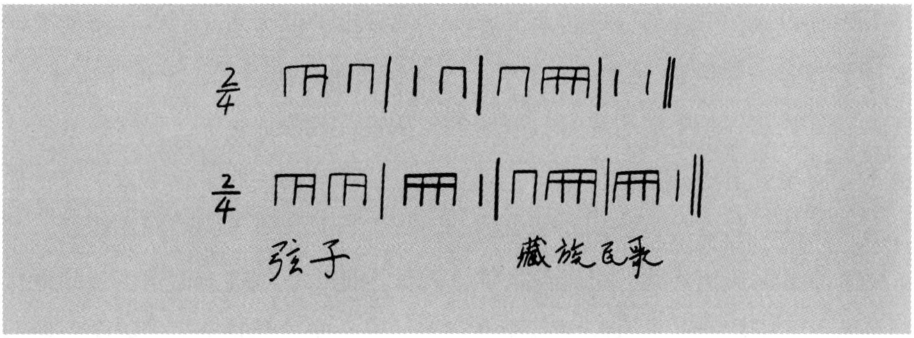

图 12-1-2 板书设计图

教学反思

感受、体验、表现藏族歌舞弦子的音乐风格

——《献上最洁白的哈达》教学案例反思

传统的音乐课堂以教师的教为主，但现在中小学的音乐教育不再局限于学歌识谱或者学习背景等浅显的狭窄技能和知识，而是特别强调音乐性的学习。本节课以《献上最洁白的哈达》为例，在“以学生为本”原则指导下，通过教学及各种生动的音乐实践活动，培养学生爱好音乐的情趣，发展学生的音乐感受与欣赏能力、表现能力和创造能力，丰富学生的音乐基础知识和音乐基本技能，增进情感体验，陶冶高尚情操。本节课设计以“感受、体验、表现藏族歌舞弦子的音乐风格”为主的教学过程，达到最终的教学目标。

一、背景分析

长期以来，传统的音乐教学主流模式都是以教师为本，优点在于能够清楚地将教学内容完整地教授给学生，比如，教师示范演唱，学生聆听学唱；教师指导纠正，学生模仿练习；学生示范演唱，教师评价等。但这种教学方式的缺点也是显而易见的：首先，学生学习习惯被动，课堂教学效果完全依附教师的实时状态，很难调动学生的学习兴趣；其次，单一的问答模式、填鸭式教学容易脱离实践，很难激发学生的动手能力、创造力，学生一味地接受输入而没有输出；最后，课堂规模偏大，单一的教师教学很难兼顾到所有学生，会造成不同学生接受程度参差不齐。

“以学生为本”教学法能够弥补“以教师为本”教学方法的不足，在音乐课堂中非常实用。比如，学生以体验实践为主，在活动中思考学习，教师则设置不同的体验练习的问题，引导学生通过尝试、体验、对比、发现问题、解决问题、小组活动、实践创编、归纳总结等形式有目的地开展学习活动，

把学习的主动权交给学生，教师则教给他们学习的方法。

由此，我运用“以学生为本”教学法设计了一节音乐综合体验实践课，引导学生在各种体验实践活动中，感受藏族歌舞弦子音乐的风格特点和艺术魅力。

八年级学生经过前七年的音乐学习，能够基本具备音乐基础欣赏能力和音乐理论知识。综上所述，本节课在“以学生为本”原则指导下，以教师为主导，以学生为本，达到在教学实践中的有效操作性。具体来说，本节课在教学上考虑到学生未经过专业系统的音乐训练，新课的听辨存在困难，容易产生排斥心理，充分利用学生已有的知识和经验，循序渐进地完成教学环节，通过独立听辨节奏和旋律，演唱评价、模仿教师动作、小组讨论歌曲难唱节奏以及小组创编展示活动，使学生通过先感受再体验，最后合作实践的方式，理解藏族舞蹈音乐的基本节奏特点，感受、体验藏族歌舞的音乐风格，增强学生对藏族音乐文化的认知和情感理解。在本课实施过程中，尤其是在以独立思考和小组学习两种形式开展的体验活动中，学生的学习有效性较以往传统方式有所提高，这是本课教学中的亮点，学生能够发挥各自的特长和想法，达到提升音乐核心素养的目的。

二、情境呈现

（一）节奏训练

活动目标：用已有的知识和技能在稳定拍下听辨具有藏族歌舞弦子音乐风格特点的简单节奏与旋律并且互评，为后面的学习活动做准备。

教师：听第一条节奏的音频，试打节奏。

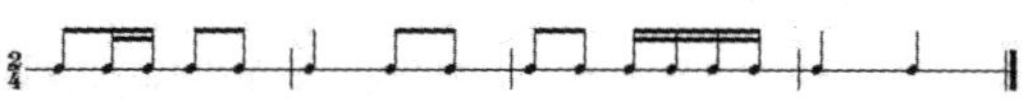

学生个人、集体打节奏，评价。

教师：听第二条节奏的 MIDI 音频，试打节奏。

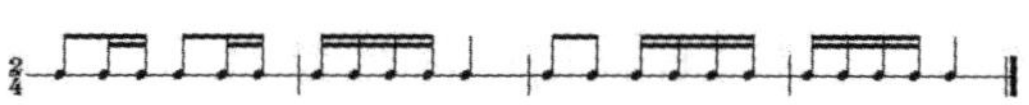

学生听辨节奏，个人、集体打节奏，评价。

教师：听带旋律的第二条音频，听辨第二小节和第四小节的旋律。

学生听辨旋律，小组讨论，个人、集体演唱旋律，评价。

将节奏训练作为铺垫，设计由易到难的藏族音乐节奏和旋律，在不同的前提要求下，训练学生在稳定拍下听辨简单的藏族歌舞音乐节奏和旋律的能力，为后面的学习活动做准备。第一条让学生观察，聆听节奏并复述出来，第二条让学生聆听节奏并复述出来，第三条过渡到旋律听辨。这样的教学使学生熟悉这样的听辨环境，为后面的教学环节打下基础。

（二）听音乐做动作

活动目标：听歌曲模仿动作，初步了解歌曲旋律，感受藏族歌舞弦子风格。

教师带领做蹲起（前奏）、踢踏（第一、二乐句）、拍肩（第三、四乐句）动作，聆听歌曲第一段，全体模仿教师动作，感受歌曲。

师：刚才听到的这首歌曲你们感觉具有我国哪个地域的音乐风格？为什么？

生：西藏地区的藏族音乐，凭直觉。

揭示课题《献上最洁白的哈达》。

本环节由教师带领做蹲起、踢踏、拍肩动作，学生模仿。将歌曲《献上最洁白的哈达》的第一段要素放入本部分，学生聆听歌曲片段，全体模仿教师动作，感受歌曲音乐要素和风格特点，完成音乐地域风格的判断，并提出对判断依据的质疑，引入后面的学唱和创编环节。

（三）欣赏、演唱《献上最洁白的哈达》

活动目标：通过聆听、跟唱歌曲，体会感受藏族歌舞弦子的风格特点。

师：完整聆听歌曲《献上最洁白的哈达》，小组找出难唱部分，轻声跟唱。

学生完整聆听歌曲，找出难唱部分，轻声跟唱。

听范唱，师生一起解决难唱部分。

师生练习。

师：大家一起演唱歌曲。

学生跟教师一起演唱歌曲。

本环节通过聆听、跟唱、多次重复练习的方法，解决歌曲难唱部分的学唱问题，引导学生通过歌曲演唱，体会、感受藏族歌舞弦子的音乐风格特点，避免学生对歌曲难点的恐惧感。

（四）藏族音乐欣赏及动作创编表现

活动目标：根据歌曲旋律创编符合藏族音乐风格特点的动作。

教师介绍弦子，学生观看视频。

师：我们来欣赏藏族民歌和具有藏族音乐风格的创作歌曲。

学生欣赏歌曲。

教师选择一首藏族歌曲，让学生分组创编简单适当的动作。

学生分组创编动作，教师巡视指导，引导学生解决教学难点。

学生小组展示、评价。

（本环节是明确“以学生为本”的环节，教师引导学生通过欣赏和创编动作的活动，表现藏族歌舞弦子音乐的基本节奏。教师在活动进行中进行巡视指导，帮助有困难的小组完成任务。任务结束后，采用集体评价的方式进行活动评价，归纳总结藏族歌舞弦子的音乐风格。）

（五）总结特点

活动目标：归纳总结藏族歌舞弦子的音乐风格。

师：你能通过我们刚才的学习说出藏族歌舞弦子的音乐有什么风格特点吗？

生：旋律流畅、节奏鲜明、曲调丰富，倚音和一字多音较多。

通过整节课的学习，学生能归纳总结藏族歌舞弦子的音乐风格。

三、聚焦分析

本节课运用“以学生为本”教学法，采用“感受、体验、表现藏族歌舞弦子的音乐风格”的学习过程，通过教师的引导铺垫，使学生能够尽快进入自主学习的状态，激发学生学习音乐的感受力和创造力，真正发挥“以学生为本”教学法的功能效果。

在节奏训练和听音乐做动作环节中，由于学生掌握的音乐程度不同，虽然难度是由易到难，但是仍然存在无法听出节奏的学生，进入课堂学习的状态慢于其他同学。但是本环节能够创设一个听辨环境，帮助学生接受藏族音乐的律动，模仿教师的肢体动作，进而深入地感受乐曲。

欣赏、演唱歌曲环节若存在学生没有提前接触歌曲的情况，相应的教唱环节就会占用课堂比较多的时间，这将影响学习进度，是教学上生成性的意外。但是从音乐心理学的角度来说，本课教学上运用的多次重复练习的方法是能有效降低上述情况的方法，先听歌曲范唱，使学生熟悉旋律走向，再找出歌曲难唱部分、简单或者相似的部分，通过教师的范唱和学生的跟唱，解决歌曲难点部分，完成歌曲学唱。

在创编表现环节，考虑给学生创编讨论的时间是本环节的重点，如果时间太长，容易与前后教学脱节，因此本节课在讨论部分设置 2—3 分钟，将更多的时间用来欣赏和小组表现藏族音乐。音乐节奏与学生创编动作的节奏相符合也非常重要，在课堂上，通过欣赏多首藏族歌曲及小组练习的方式，引导学生表现符合藏族歌舞弦子的音乐节奏动作，思考藏族歌舞弦子的音乐风格。

四、结语

在音乐教学过程中，教师作为一个教育者的角色，应当创设良好的音乐教育氛围，使学生获得音乐审美体验。因此，本节课在音乐的审美教育中运用人体自身最本源的状态，让学生在实践中理解音乐，运用“以学生为本”教学法，运用多元感官让学生感受、体验所学音乐，其目的是积极调动学生，让他们尽可能地参与到音乐实践活动中。教师在设计上采用简单、有效、重复性高的教学实践方式，对学生的听、唱、看、动四个方面进行刺激，让学生用感官感受音乐、体验音乐，让学生的耳、眼、肢体、口都动起来。结合不同学生的兴趣和爱好，在“以学生为本”原则的指导下，运用独立学习、小组活动、展示评价等形式，减轻学生在单一的回答模式中容易产生的学习焦虑，使合作学习和个性学习相结合，互为补充，调动学生对教学内容的兴趣，以此为主导，鼓励学生自主创作、自主评价。整节课通过“感受、体验、表现藏族歌舞弦子的音乐风格”的步骤完成音乐实践体验，提升学生的音乐核心素养。

专家点评

《献上最洁白的哈达》教学设计聚焦于“以学生为本”的理念，体现了教师独特的教学创意，主要体现在三个方面。

第一，不是将音乐课单纯上成“唱歌课”。本课以《献上最洁白的哈达》为切入点，凸显民族民间文化的传承和学生情感的体验，体现了《音乐课标》提出的学生核心素养、音乐情感体验、音乐文化理解的精神。

第二，本课的教学设计打破了教师教唱、学生学唱的传统教学模式，以类似“奥尔夫音乐教学法”的理念，将歌曲的内容、节奏通过肢体语言的表现方法，以游戏的方式进行趣味教学，引导学生主动学习唱歌，体验歌曲情感，活跃课堂气氛。

第三，注重音乐本体学习，《献上最洁白的哈达》是藏族歌舞弦子音乐，节奏感很强，有着鲜明的藏族音乐风格。教学中紧紧抓住这个环节，让学生掌握藏族民族音乐的相关知识。

建议进一步关注学生的理解能力和鉴赏能力的培养。现在的学生接触流行歌曲较多，对民族民间音乐接触较少，对什么是藏族歌曲及其特点知之甚少。有比较才有鉴别，如献哈达这个风俗不但藏族有，蒙古族也有，但音律差别很大。为了进一步体现“以学生为本”的教育理念，教师可在教学中放几首类似的歌曲，让学生判断是哪个民族的歌曲，然后进行分析。学生通过深度学习、参与体验后，其印象会更深刻，学生的音乐赏析能力也在教师引导下的自主反思中获得了提升。

第十三章

“以学生为本”的教学设计：初中体育

案例 13

八年级体育双杠新授课“支撑后摆转体 180 度成分腿坐”

专家箴言

优秀的教学源于“以学生为本”的创新设计。突破传统，体现日常、非自然、非正常体位运动，将内在乐趣与器械互相作用下的时空感、挑战感、成就感呈现出来，重点发展学生自身的定向与控制、平衡与支撑、器械与体操的有效运动能力。

教学设计

一、课标要求分析

本节课要落实《义务教育体育与健康课程标准（2011 年版）》（简称《体育与健康课标》）水平四“发展运动技战术能力”中的“完成一套器械体操动作”。《体育与健康课标》要求学生认识器械体操中双杠对身体的锻炼价值，知道器械体操中双杠的练习与保护方法，通过练习能够完成成套双杠动作。

双杠练习可以提高人体的自我调节和控制能力，对学生平衡能力、支撑能力和身体协调性的发展都有积极作用。“支撑后摆转体 180 度成分腿坐”这个技术动作学习的重点是学生通过观察教师示范、多媒体及图片等资源，能够说出动作重点是以腿带髋转体，并在同伴的保护与帮助下完成这一动作，通过杠上练习增强身体的支撑控制能力。除了要完成技能目标，本节课的难点还在于要求学生积极克服心理障碍，在一次次练习中调整心理状态，战胜自己。

二、学习内容分析

本节为新授课，内容源自人教版教材《体育与健康》七—九年级全一册

第六章“体操”部分。双杠单元共 6 次课，本节课为第 3 次课，之前的两次课学习了“支撑摆动”“跳上成分腿坐”“杠上前进一次”。本节课将继续学习双杠成套动作当中的一个动作“支撑后摆转体 180 度成分腿坐”。

（一）关联性和难度性

双杠学习的特点是难度较大、技术动作复杂并有一定的危险性。本节课要学习成套动作中难度最大的一个动作——“支撑后摆转体 180 度成分腿坐”，重点是学生要抓准分腿的时机，完成以腿带髋转体动作。在完成这一动作前还要做好铺垫，让学生多观察，体会分解动作，通过辅助器械降低练习难度，鼓励学生逐步过渡到完整动作练习。学习中还需要学生注意力集中，态度认真。为了同伴的安全，掌握正确的保护与帮助方法十分关键。学生在学习过程中稍有失败就容易产生心理障碍，学习的氛围对学习中心理状态的调整十分重要。教师在课堂中进行安全提示十分必要，学生应明确无保护不上杠，这也是对学生责任感和秩序感的培养。

（二）实践性和趣味性

双杠“支撑后摆转体 180 度成分腿坐”的动作是在支撑摆动后身体摆高于杠面的基础上完成的。学生除了由易到难的练习以外，还需要分组合作完成练习，这样既可以相互帮助保证练习的安全性，又可以提高练习次数。让学生在课堂上分组进行展示，通过评价要素提升学生对肢体美的鉴赏力和对技术动作的分析能力。

在初中教材中，双杠内容多是以各种支撑、移动、摆动为重点的基本技术和基本姿势，对锻炼上肢、肩带、躯干肌肉群力量有显著效果。杠上游戏、鼓励性评价和小组推优展示环节可以充分调动学生的练习热情，对学生良好心理的形成和意志品质的培养有积极的促进作用，并能提升学生相互保护的意识，增强责任心。

三、学生情况分析

（一）学生学习起点的确定

学生在进入双杠单元学习之前基本没有学习过双杠，只有少部分学生在平时玩耍时在双杠上支撑跳上与跳下。考虑到学生现有的水平，本单元的教学是从零基础开始授课，也就是从体操的起源、概念开始讲起，逐渐渗透简单的单个动作。指定体委、小组长保护与帮助，增强学生练习的信心。本课由易到难，层层深入，利用探究与协作学习法，培养学生的团队精神。

（二）学生的认知水平及心理、生理特点

初中学生处于青春发育期，他们好奇心强，求知欲高，对新鲜事物的接受能力强，愿意也乐于接受新的挑战，但他们也存在着情绪化强、注意力不集中、容易受环境和他人的影响、在运动技能的掌握方面水平较低等问题。

（三）学生学习新知识可能遇到的问题

在本节课的练习中，学生可能会遇到的问题有：支撑后摆腿未摆出杠面或转体过早，练习动作时易产生畏惧感。本节课采用了角色扮演、自评与互评等方法来应对这些问题。为了帮助学生克服心理障碍，教师设计了任务帮助学生把关注点转移到转换角色中，体会不同角色、不同要求，让学生全身心投入到课堂中来。

四、学习目标

（1）能够准确地说出单个练习动作的名称和动作要领，明确双杠锻炼的意义和价值，学会选择适合自身的练习方法。

（2）70%的学生能够在保护帮助下完成“支撑后摆转体 180 度成分腿坐”，10%的学生独立完成“支撑后摆转体 180 度成分腿坐”，20%的学生能够在降低难度后在保护帮助下完成“支撑后摆转体 180 度成分腿坐”。发展学生上肢肩带力量，提升学生的自我调节、控制能力。

（3）增强学习中与同伴之间的协作能力，培养面对困难敢于挑战自我的意志品质。

五、学习重点

（1）学生后摆过杠以后完成转体动作，因此后摆过杠为教学重点之一。

落实措施：保护帮助下支撑摆动练习；保护帮助下后摆过杠触悬挂物（铃铛）练习。

（2）学生后摆过杠后完成转体动作，转体需要体会如何发力以及发力部位，因此以腿带髋转体为教学重点之一。

落实措施：专门性练习——地面转体练习；在保护帮助下体会转髋动作，要求转髋的同时眼睛看脚尖。

六、学习难点

学生后摆过杠后完成转体动作，这是一个瞬间动作，需要把握时机，因此转体时机为难点。突破措施有两点。

（1）专门性练习：地面转体练习时保护帮助练习者进行搓转髋部动作练习。

（2）保护帮助时，其中一人站在高垫上搓转练习者髋部，提示转体时机。

七、学习流程

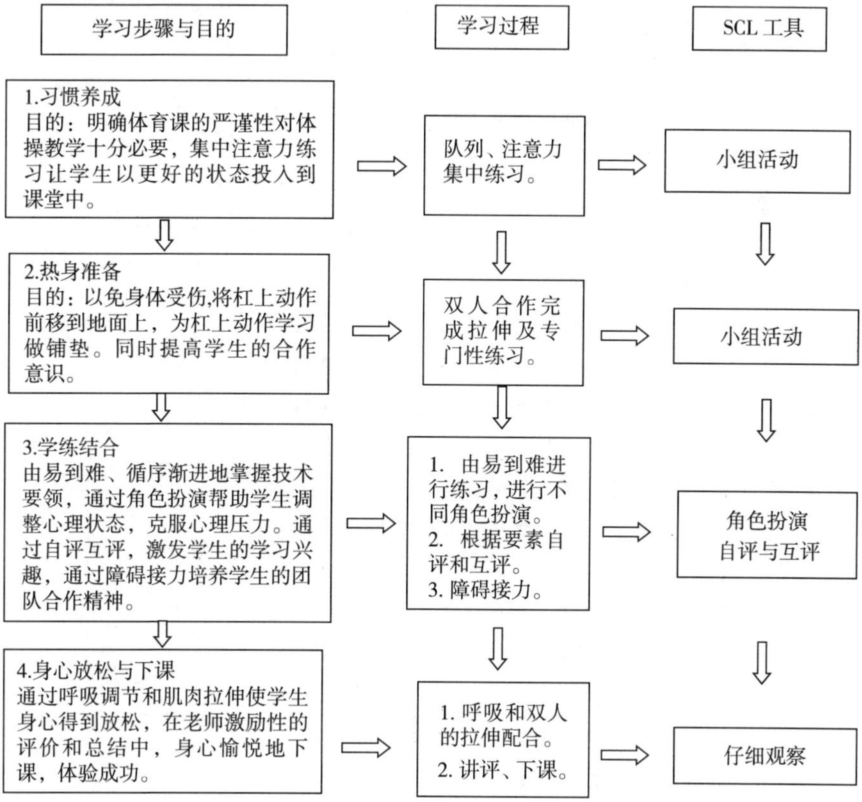

图 13-1-1 学习流程图

八、教学过程

表 13-1-1　教学过程表

教学步骤	SCL 工具	教学过程	活动目标	时间安排（分钟）
习惯养成	小组活动	1. 集合整队，报告人数，师生问好，宣布内容。 2. 注意力练习：快速反应。 3. 队列练习：螺旋行进。	注意力集中训练与习惯的养成。	5
热身准备	小组活动	1. 慢跑。 2. 徒手操。 3. 专门性练习：地面转髋练习。	培养合作意识，为后续教学重点做铺垫。	8
学练结合	角色扮演 自评与互评	1. 在本组同学保护帮助下练习支撑摆动，每个学生完成 1 至 2 次。 2. 小组进行角色分工后，学生在保护帮助下进行后摆过杠触悬挂物（铃铛）练习，每个学生完成 1 至 2 次。 3. 教师进行完整动作示范与讲解，学生注意观察腿与髋的配合以及转体的时机，并能够在教师的引导下说出“支撑后摆转体 180 度成分腿坐”的动作要领。 4. 教师示范支撑后摆转体，学生在本组同学保护帮助下体会转髋的动作，完成 2 次转髋练习。 5. 教师站在高垫上和两名学生示范、讲解保护帮助方法，边示范边提示学生观察帮助时出手的时机。 6. 根据黄色笑脸贴分层，进行完整动作练习：在保护与帮助下完成动作。	1. 掌握技术动作，提高运动负荷。 2. 遵循体育锻炼原则，上下肢肌肉力量都要得到发展，游戏以下肢和腰腹锻炼为主，体现了互补的设计理念。同时以小组为单位进行比赛可以培养学生的团结协作能力。	27

续表

教学步骤	SCL工具	教学过程	活动目标	时间安排（分钟）
学练结合		得到黄色笑脸贴的学生在保护帮助下完成“支撑后摆转体180度成分腿坐”3—4次，每完成一次胸前贴上一个黄色的笑脸贴。 没有得到黄色笑脸贴的学生在斜杠上从高到低进行完整动作练习，在保护帮助下完成“支撑后摆转体180度成分腿坐”3—4次，每完成一次在胸前贴上一个黄色的笑脸贴。 7. 游戏：齐心协力。 方法：学生分成四组，每组8个人，两组进行比赛。8人并排站立，双手握横杆与肩同宽，站立于起跑线后，听到哨声并排跑出，围着两个标志筒绕“8”字，之后向前跑至放杆区，把杆放下，继续向前跑，每人找到对应的小垫子，进行1—2个来回的仰卧传球，然后8个人跑向长杆，再次拿起长杆按“鸭子走”走回到终点，先回来的组为胜。 规则： （1）并排绕标志筒，杆不能向后倾斜。 （2）传球时，两头都要碰地面。 （3）“鸭子走”必须8个人同时进行。		27
身心放松下课	仔细观察	1. 呼吸调节。 2. 肌肉拉伸。 3. 教师评价，师生交流。	身心放松，感受成功。	5

九、移动白板设计

（挂图）

评价标准：

1. 优：在保护帮助下熟练完成动作，动作舒展、优美、连贯。
2. 良：在保护帮助下基本完成动作，动作质量需要进一步提升。
3. 待提高：斜杠上进行练习，在保护帮助下完成动作。

图 13-1-2　移动白板设计

教学反思

角色扮演促使学生成为课堂的主人

——以双杠“支撑后摆转体 180 度成分腿坐”为例

一、背景介绍

体操器械教学往往让学生在练习中感到恐惧。与“三大球”相比，学生学习器械体操的兴趣略低，其主要原因有两点：首先，器械体操有一定的危险性，造成学生学习的心理压力过大。其次，器械体操对学生上肢肩带力量和身体协调能力有一定挑战，部分学生很难轻松完成。本节课通过角色扮演突出学生主体地位，以双杠“支撑后摆转体 180 度成分腿坐”为例，让每个学生积极克服恐惧心理，在有安全保障的前提下完成本节课的任务。本节课

“以学生为本”的设计主要体现在通过多样的评价方式促进学生深度参与，提升自信心和责任感，使每一名学生都参与到课堂中，除了接受知识和技能以外，还要进行自评与互评，通过对自己学习的反思和本组同学练习效果的评价来提升自己的练习效果。由于体操教学的特殊性，为了安全起见，小组成员之间还要进行角色扮演，每一个练习环节都要在保护帮助下完成，充分培养了学生的责任心。这种思练结合、协同学习的方式充分体现了“以学生为本”的原则。

二、情境再现

学习情境一

师：同学们，今天我们要学习的内容是初中双杠成套动作学习当中难度最大的一个动作——“支撑后摆转体 180 度成分腿坐”，这一动作是在支撑摆动后摆高于杠面的基础上完成的。另外，还要在后摆过杠面的瞬间转体，这个转体的时机要把握得恰到好处。

学生的状态：眼神相互碰撞（眼神中体现对教师介绍的动作一无所知，你看看我，我看看你……），睁大眼睛有点惊讶。（有学生说：最难……）

师：同学们对这个动作可能有点陌生，没关系，我们只要循序渐进地进行学习，把每一个层面都做到，就一定能顺利完成“支撑后摆转体 180 度成分腿坐”。大家有信心吗？（教师怕放大畏惧感，没敢问“你们怕吗？”）

生：（大声回答）有！

师：本节课主要以小组合作学习为主，但今天要求每一位同学在学习中扮演不同的角色，老师把每个角色的作用介绍给大家。本节课的重点是后摆高于杠面，腿带髋转。你们是小勇士，不能轻易放弃啊！

学生默默地站着，用自信的眼神看着老师。

学习效果：通过师生互动交流，引入学习主题，帮助学生树立信心，学生学习情绪高涨。

反思：这种角色扮演的形式可以激发学生的练习欲望，通过体验不同的角色，提升责任意识。

学习情境二

师：本节课小组合作学习采用角色互换的形式，下面老师说一说如何进行角色互换。角色 1 是保护与帮助者，双杠练习很容易出现摔伤或扭伤，所以角色 1 的任务是有效地保护并帮助同学，使双杠教学顺利进行。这也是考验大家的责任感，希望你们对自己和同伴负责到底。下面我们来示范一下保护与帮助者的站位、出手部位、力度大小、方向、时机。

角色 2 是本节课学习的主角，需要把每一环节的动作做到位，才能进入最后一个环节，进行完整动作的练习。其余的同学是评价者，即角色 3，要根据老师的要素表进行评价。下面开始练习。

生 1：老师，这样对吗？

师：手再往上移动一些，一定要抓紧。

生：好的，明白了。

师：第三个同学出手速度再快点。

生 2：好，您看这次够快吗？

师：好多了，你们组加油。

生 3：老师我还是转不过来（表情有点尴尬）。

师：没关系，不要连续做，休息一下，保持体能，你可以在地面上多体会几次。

生 3：好的（表情有点不自信）。

学习效果：通过明确的角色分工，使不同的学生都能够积极参与其中，使本课的角色 2 能够在学习过程中得到及时保护，学生会更有安全感，更有信心参与到学习过程中。

反思：在此过程中，教师的引导和指导作用至关重要，练习过程中教师要提示保护者出手及时，这样做的目的是让学生更好地体会转髋时机。

学习情境三

教师：评价者一定要准确地对伙伴进行评价，不能含糊其词。我们的评价决定伙伴分层练习的选择。

所有学生的眼神集中过来，有的学生点了点头。

师：难度一，距杠面 30 厘米处悬挂一个铃铛，支撑摆动后摆要触到悬挂的铃铛，铃铛一响就证明摆动高度已过杠面，就能得到一个黄色笑脸贴。

师：确定听到声音了？

生1：确定。

师：你们组怎么样？组长请确认。

生2：每个同学都碰到了铃铛，您看我们的评价表。

师：好的，不错，记录很认真。

学习效果：通过练习中自评与互评，学生了解自身的动作掌握情况，准确地确定自己下一步的学习目标。

反思：多样的学习评价方式能够让学生了解自身的动作掌握情况，激发学生的学习兴趣，使学生主动地参与到课堂中来。

学习情境四

师：下面说说难度二的评价要求，要在支撑摆动的基础上体会转身，每次转身要求都能够看到自己的脚尖，做到的同学可以得到一个黄色笑脸贴。

一组组长：老师，我们组有的同学失败了，怎么办？

师：失败的同学，没关系，你们可以在地面上多体会几次，然后再上杠。加油！

师：（对学生1）你这次成功了！

学生1点头，开心地笑了。

师：我继续讲一下难度三的评价要求，得到两张笑脸贴的同学可以在杠上进行完整动作的练习；没有得到或是得到一个笑脸贴的同学，可以进行斜杠的练习，降低杠一侧的高度，由高向低来完成。同学们加油！

学习效果：每一个学生都在保护帮助下体会了完整动作（后摆没有过杠的学生通过降低难度，利用斜杠也完成了动作）。

反思：教师是学习的引导者，关注遇到困难的学生，引导学生循序渐进地练习可以很好地达成教学目标。双杠练习不能急于求成，在地面能完成的动作可以先在地面上反复体会之后再上杠练习，既安全，效果又好。

三、实践效果及反思

与以往的教学形式相比，本节课是站在“以学生为本”的角度进行课堂活动的，比较突出的特点有以下四个方面。

（一）备课时充分分析了学生的基本情况

备课时教师充分分析了学生的基本情况，从学生的身体状况、心理状态、学生基础、前测情况，到学生在课堂中可能遇到的问题、学生的思想品质、分析问题的水平等。依据学情分析合理分组，组长要在组内的练习中积极帮助身体较弱和心理素质较差的同学，起到先锋带头作用。另外，还要提前设计好适合不同层次学生的、不同难度的练习方式。

（二）教师通过恰当、及时的点拨和引导，改变“我说你练”、教师维护课堂的秩序和安全的形式

教师充当了课堂的引导者、策划者、调控者。为了让学生整节课都投入到课堂中来，教师安排了学生不断地进行角色转变，既要作为练习者完成练习任务，还要在本组同伴练习时充当保护与帮助者的角色，通过自己的认真负责得到同伴的信赖。每一位学生还要充当评价者，通过教师的引导学会观察动作，评价动作的完成质量，为同伴建议选择什么样的难度练习，以循序渐进地达到学习目的。

（三）课堂中关注学习效果，通过自评和互评让学生了解自身的优势与问题

在本节课中，学生除了作为练习者要掌握技术动作，还要进行自我评价，也要十分负责地对本组同伴的练习效果进行评价。此外，学生要根据练习的顺序不断地转变角色。最后，每个小组进行动作质量评选，选出优秀的同学进行动作展示。

（四）巧妙地运用了角色转变的方法，激励学生积极参与到学习过程中来

在本节课的学习过程中，让每个学生认识到自己在小组中的重要性，另外还运用了仔细观察、自评与互评的方法，让学生在学习过程中时刻集中注意力，积极参与到整个学习过程中来。

利用这些教学方法，学生学会了独立观察、思考，增强了与同伴合作的意识，在与不同的伙伴合作的过程中，得到不同的收获。另外，学生互动增多了，学生的学习过程不仅是一个接受知识的过程，也是一个发现问题、分析问题、解决问题的过程。在这个过程中，学生分析问题和解决问题的能力得到了很大的提升，同时学生的核心素养也得到了很大的提升。教师不断地设计、安排丰富多彩的课堂活动形式和任务，让学生体验成功的喜悦，激发学生学习的兴趣与自信，让学生以良好的情绪和心态投入到学习中来，使整个课堂学习充满生机和活力。

专家点评

这节课的教学设计多方位地体现了“以学生为本”的理念，抓住双杠教学的危险性与挑战性的特点，围绕器械体操教学的技术重点与学生畏难心理的难点，通过保护与帮助者、练习者、评价者三种角色扮演和转换，突出学生主体地位；依托小组成员之间的保护帮助，营造安全运动的学练环境，培养学生的责任心与自信心；通过不同难度分层练习及对应性的自评与互评方式，促进学生从知晓动作、观察动作、评价动作、理解动作四个层次进行深度学习、积极主动学习，达成双杠“支撑后摆转体180度成分腿坐”的自主构建，培养学生敢于挑战、正确面对成功与失败的品质；采用协同学习、问题分层、循环体验等思练结合的方式，培养学生分析和解决问题的能力，将知识与技能的学习上升到体育思维的培养上，实现体育学科提升学生核心素养的功能价值。

第十四章

“以学生为本”的教学设计：初中美术

案例 14

八年级美术新授课“中国古代建筑之屋顶”

专家箴言

“以学生为本”的探究性学习是初中美术教学中凸显传统文化的一个有效方法。

教学设计

一、课标要求分析

本节课着重落实《义务教育美术课程标准（2011 年版）》（简称《美术课标》）“欣赏·评述”学习领域中提出的“欣赏不同时代和文化的美术作品，了解重要的美术家及流派。通过描述、分析、比较与讨论等方式，认识美术的不同门类及表现形式，尊重人类文化遗产，对美术作品和美术现象进行简短评述，表达感受和见解”目标要求以及“欣赏中外优秀的建筑作品，并结合当地的建筑与环境，进行评述，体会建筑、环境与人之间的关系”学习活动建议。本课属于“欣赏·评述”学习领域，是继博物馆系列课、《罗丹的雕塑》等欣赏课后的建筑欣赏课，意在引导学生透过中国古建筑最显著标志“大屋顶”形态，感受意境之美，细细品味中国古代建筑的无穷魅力。本课要求学生通过比较、分析、讨论、展示的方法，能够辨识中国古代建筑屋顶的分类及等级，并能够概括其造型特点、风格效果，认识中国古代建筑的艺术特色，感受中国古代建筑的丰富性和艺术成就，激发对祖国的热爱之情。

二、学习内容分析

本节课内容取材自人民美术出版社出版的教材《美术》八年级上册第 7

课“北京中轴线建筑”一课中的第二板块内容：欣赏位于北京中轴线最大的古建筑群——故宫。故宫作为世界上规模最大、保存最完好的古代皇宫建筑群，涉及的建筑代表作和建筑知识非常多，一节课的时间很难为学生展现全貌，容易导致蜻蜓点水式的授课效果。如何欣赏建筑艺术是本课的新知识，而屋顶作为中国古代建筑造型中最主要的部分，最能体现中国古代建筑的意境之美。本节课以此为切入点，介绍古代建筑在布局、造型、色彩、风格效果、代表作等方面的学习内容。课堂教学在这一主线内发散、跳跃，又能够实时回到主线，轻松地起到提纲挈领之效。

古代建筑的内容对于学生来说年代久远，通过游戏找不同引入课题，帮助学生快速进入学习状态。古建筑的屋顶样式之间既有不同又有相关，通过样本展示给学生搭建学习台阶。每一类屋顶又涉及屋顶的起源、造型特点、应用范畴、等级分类以及代表作品等内容，通过分组学习，配合详细的图文学案，引导学生掌握学习欣赏的方法与步骤，在一系列的欣赏体验中，促进学生自主、合作、探究等学习能力的培养，掌握不同门类美术作品的欣赏方法，认识中国古代建筑的艺术特色。

三、学生情况分析

通过初一第一学期“欧洲美术之旅”及第二学期“亚洲美术之旅”的学习，学生对建筑艺术有了初步的认识，学生的理解能力和欣赏能力也都有了一定的提高，对本课的学习内容已经具备了理解和吸收能力。但是学生对中国古代建筑的相关专业知识了解较少，理解起来会有一定困难。尤其是对中国古代建筑屋顶等级的理解需要学生结合当时的时代背景、人文思想和文化内涵去了解。为此，为突出教学重点，在教学过程中，采取课前预习的形式，让学生分组参与探究学习并收集资料，让学生对古代建筑进行深入的认识，并通过课堂抽签进行展示。各组由小组长分配任务，自制学习海报，为课堂活动做准备。教师引导学生自己分析、评价、鉴赏中国古代建筑屋顶，激发学生的学习兴趣。

四、学习目标

（1）通过比较、分析、讨论、展示的方法，能够辨识中国古代建筑屋顶的分类及等级，并能够概括其造型特点、风格效果，进而认识中国古代建筑的艺术特色。

（2）感受中国古代建筑的丰富性和艺术成就，激发对祖国的热爱之情。

五、学习重点

辨识中国古代建筑屋顶的分类及等级，并能够概括其造型特点，风格效果。

六、学习难点

能通过描述、分析、讨论和形象表达等方法，欣赏古建筑之美并掌握欣赏的方法。

七、学习流程

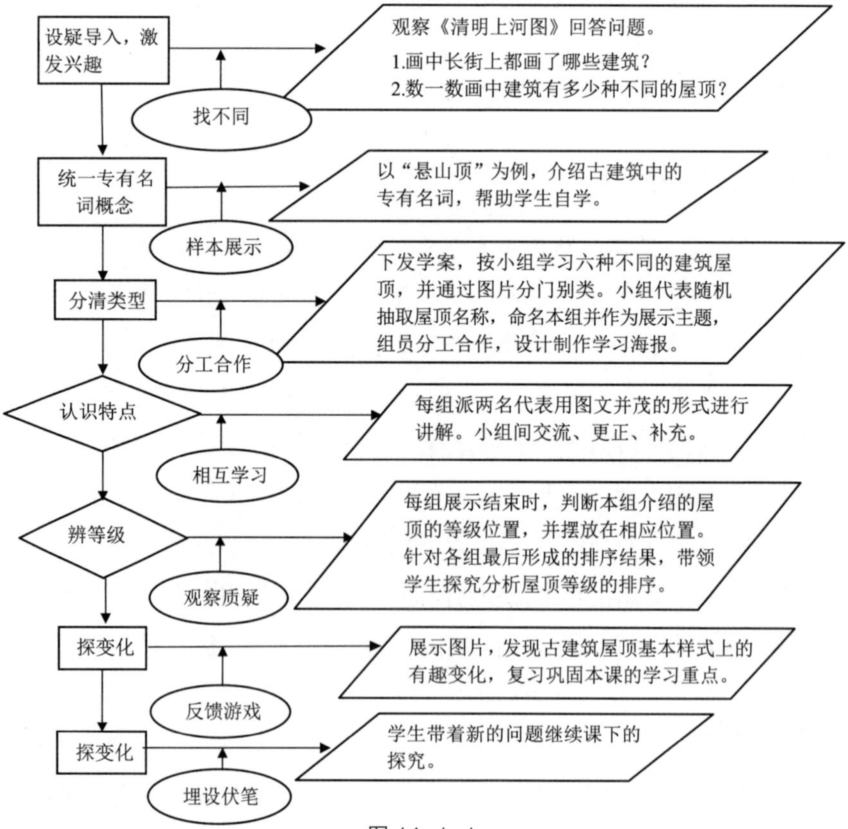

图 14-1-1

八、教学过程

表 14-1-1 教学过程表

教学步骤	SCL工具	教学过程	教学意图	时间（分钟）
设疑导入，激发兴趣	找不同	学生带着问题欣赏《清明上河图》，并回答问题。 1. 画中长街上都画了哪些建筑？ 2. 数一数画中建筑有多少种不同的屋顶。 中国古代建筑造型中最显著的特征就是中国式的“大屋顶”，今天我们就一起来了解一下。	换个角度读名画，从古人的眼中品建筑。利用经典名作引入学习主题，激发学生的学习兴趣。	5
统一专有名词概念	样本展示	教师以悬山顶为例，介绍古建筑中的专有名词，帮助学生自学。 学生明确古建筑中的专有名词。	搭建台阶，帮助学生在接下来的自学中读懂文章。	2
分清类型	分工合作	教师下发学案，学生以组为单位通过学习六种不同的建筑屋顶（悬山顶、攒尖顶、歇山顶、庑殿顶、卷棚顶、硬山顶），并通过图片分出类别。小组代表随机抽取屋顶名称（信息卡），命名本组并作为展示主题，组员分工合作，设计制作学习海报。 教师巡视，指导各组。学生分工设计制作学习海报。	初步理解，分清不同等级的古建筑屋顶的相貌，并通过画海报的方式，加深对古建筑屋顶的理解，并通过比较，深化理解。 将古典音乐带入学习环境，帮助学生把握学习时间。	20

续表

教学步骤	SCL工具	教学过程	教学意图	时间（分钟）
认识特点	相互学习	每组派两名代表用图文并茂的形式为大家进行讲解。 学生代表详细讲解古建筑屋顶，其他学生认真聆听，提出质疑，补充交流。	利用信息卡抽取展示顺序，提高课堂效率和趣味性。将讲台交给学生，由学生进行讲解，能够更好地吸引学生的注意力，学生能够在自由平等的交流碰撞中巩固重点，突破难点。	10
辨等级	观察质疑	每组展示结束时，判断本组介绍的屋顶的等级位置，并摆放在相应位置。针对各组最后形成的排序结果，教师带领学生探究分析屋顶等级的排序。 学生判断排序是否正确，提出更正意见。	深化等级制度在建筑中的体现这一概念。	5
探变化	反馈游戏	我们了解了古建筑屋顶的基本样式，它们还有很多有趣的变化，复习并看一看还有哪些变化。 学生看图欣赏并说出不同屋顶正确的名称和特点，加以巩固。	通过反馈，看学生是否掌握了不同的屋顶造型和进行演变的屋顶造型，并加以更正解释。	3
课堂延伸	埋设伏笔	在经过漫长的历史沉淀后的今天，已经不再强调建筑的等级之分，更加看重的是其装饰性和功能性。在很多现代建筑中融入了中国古典的东方元素，你知道有哪些代表作吗?（课下探究作业） 学生带着新的问题继续课下的探究。	增加课程内容的深度，帮助学生学以致用。	2

九、板书设计

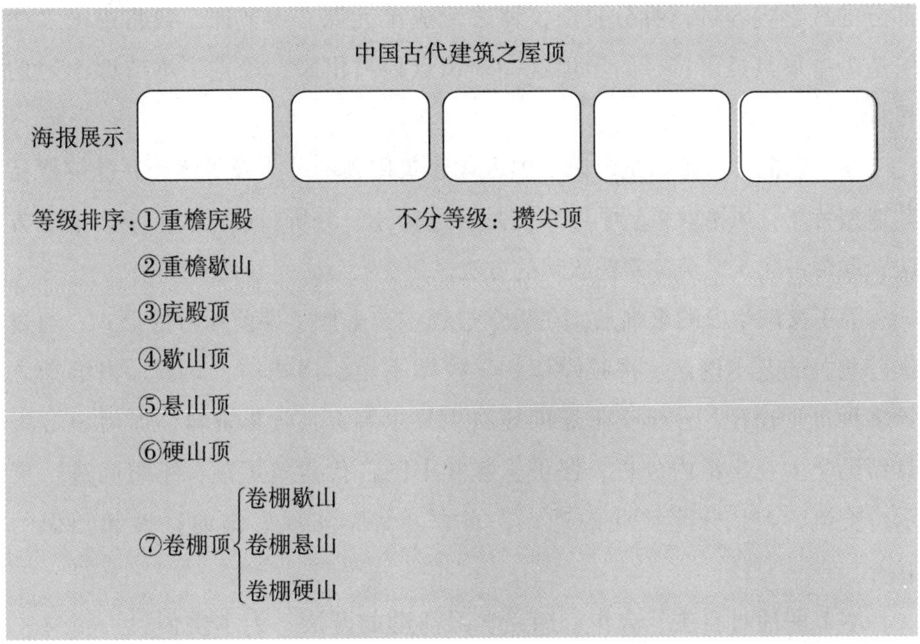

图 14-1-2 板书设计图

教学反思

自主、合作、探究：让美术欣赏课不再是“我说你听”

——以“中国古代建筑之屋顶”美术欣赏课为例探究基于“以学生为本”理念的教师角色转换

一、教学背景介绍

美术课每个欣赏单元都有特定主题，涉及内容非常多。这就要求教师对教材、教学内容等课程资源进行合理的选择、利用与开发。“北京中轴线建筑”一课中的第二板块内容：故宫的欣赏知识就包括故宫总体的布局、代表建筑的屋顶形式和色彩运用等方面的分析、“飞龙”“鸱吻”等建筑装饰元素的运用、中国古代宫殿建筑的主要特色等。这么多的内容放在一节课中，学生吃不消，老师也讲不透，更难以引导学生自主学习。于是我将这部分的教学内容进行拆分重组，使之形成单元课。本节课，我将中国古建筑造型中最具显著特征的屋顶这一知识点抽离出来，确定了本节课学习的目标。

本节课的学习重点是辨识中国古代建筑屋顶的分类及等级，并能够概括其造型特点、风格效果。学习难点是通过描述、分析、讨论和形象表达等方法，欣赏古建筑之美并掌握欣赏的方法。

为了突破学习的重难点，在教学过程中，采取了课前预习的形式，通过推荐相关的艺术网站、视频媒体、学校图书馆、博物馆、画展、报纸杂志等多种自学途径，让学生带着问题自主寻求答案，收集资料，运用 SCL 工具帮助学生在小组内分析、评价、鉴赏中国古代建筑屋顶，小组间进行展示，交流学习，分享彼此的观点，自评互评，实现思维的碰撞和知识的互补。

本节课通过自主、合作、探究学习活动的开展，为学生创设一个又一个推动审美发展的学习活动，充分体现了“以学生为本”的教学原则：教师充当学习的促进者，而不是知识的呈现者，让美术欣赏课不再是“我说你听”。

二、自主、合作、探究学习的教学实践

（一）自主学习

课前给每个学生准备了一个任务条——中国古代屋顶的等级分类、艺术特色、应用范畴、代表作……学生根据任务条的提示，通过多种自学渠道学习并整理资料。

课上则用多种方式激发学生兴趣，引导学生自主学习。

（1）设疑导入，激发兴趣。

学生带着问题欣赏《清明上河图》片段，并回答问题。（见图 14-1-3）

图 14-1-3 《清明上河图》局部

①画中长街上都画了哪些建筑？

②数一数画中建筑有多少种不同的屋顶。

因为有了提前的自学准备，不少学生在图中发现了城楼、商铺、宫殿、民居、虹桥等不同造型的建筑，从而揭示本课主题：古代建筑造型中最显著的特征就是中国式的“大屋顶”，今天我们就一起来了解一下。（见图 14-1-4）

（2）抛砖引玉。

教师以“悬山顶”为例，用 PPT 动画介绍古建筑中的专有名词（山墙、

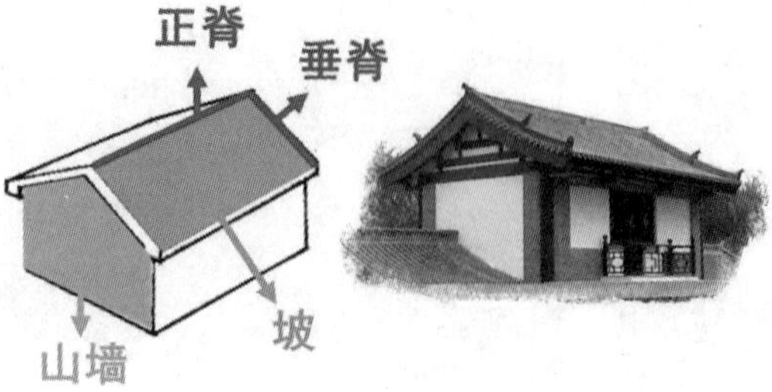

图 14-1-4　中国式的“大屋顶”

坡和屋脊）的特点，搭建台阶，帮助学生在接下来的自学中读懂学案。

（二）合作学习

教师下发学案，学生按小组学习六种不同的建筑屋顶——悬山顶、攒尖顶、歇山顶、庑殿顶、卷棚顶、硬山顶，让学生初步理解，分清不同等级的古建筑屋顶的相貌。小组代表随机抽取屋顶名称，命名本组并作为展示主题，深入学习。教师巡视，指导各组。学生分工合作，设计制作学习海报。（见图 14-1-5）

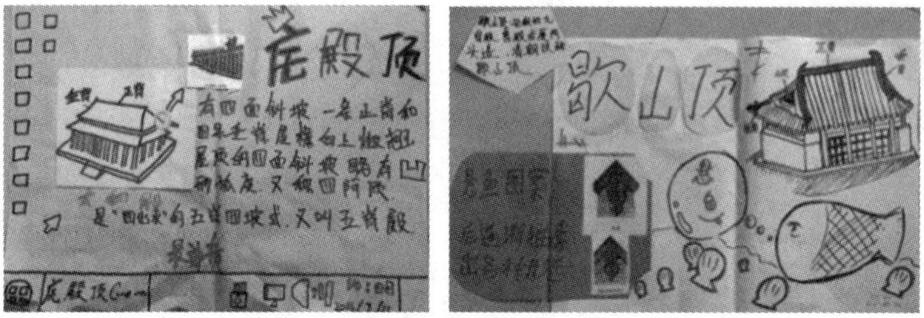

图 14-1-5　海报

通过画海报和相互比较的方式，学生深化了概念，加深了对古建筑屋顶的理解。

（三）探究学习

（1）展示交流：利用信息卡抽取展示顺序，提高课堂效率和趣味性。每组派两名代表用图文并茂的形式为大家讲解古建筑屋顶，其他学生认真聆听，提出质疑，补充交流。

将讲台交给学生，由学生进行讲解，能够更好地吸引学生的注意力，学生能够在自由平等的交流碰撞中巩固重点，突破难点。

（2）探究辨识：每组展示结束时，判断本组介绍的屋顶的等级位置，并摆放在相应位置。针对各组最后形成的排序结果，教师带领学生探究分析屋顶等级的排序。学生判断排序是否正确，提出更正意见，再次深化等级制度在建筑中的体现这一概念。

（3）推陈出新：“我们了解了古建筑屋顶的基本样式，它们还有很多有趣的变化，复习并看一看还有哪些变化。”学生看图欣赏并说出不同屋顶正确的名称和特点，加以巩固。通过反馈看学生是否掌握了不同的屋顶造型和逐渐演变的屋顶造型，并加以更正解释。

三、实践效果及方式

（一）以学案替代教案

课上我给学生下发了学案，学案包含了学习资料、问题及任务。学案成为学习载体，学生将自己课前收集的材料和学案内容进行汇总整合，梳理出学习的脉络。学生从学案中就可以发现并运用美术欣赏的方法，既加深了对传统文化的了解，也培养了处理信息的能力，让学生成为课堂真正的主人。

（二）以学生主动探究替代被动接受

分组学习的内容和展示顺序都由学生抽签决定，既公平又增加了趣味性，考虑了学生的需求，体现了学生的主体地位。在合作学习环节，各组学生展示内容虽不相同，但在知识性上又互有交叉，所以每个小组的学习和展示都是互有联系。学生在这个活动中的积极性被充分调动起来，对资料进行学习、分析、比较，分享彼此的观点，相互协作，共同探究，动手制作，完善展示内容。在这个过程中，学生收集和处理信息的能力、获取新知识的能力、分析和解决问题的能力以及交流合作的能力都得到了锻炼与提升。

在最终各组展示环节，因为知识内容的交叉性，各小组成员需要更加认真地倾听其他小组的展示，遇到争议点还要提出质疑，表达各自的见解，实现思维的碰撞、智慧的交锋、知识的互补。在这个动态化的学习过程中，由教师“单向沟通”转变为学生之间的“双向对话”，发挥各自的潜能，在探究中补充知识，完成审美知识的建构。

（三）以教师引导替代教师灌输

课前的学生自主预习阶段，我鼓励学生独立学习，帮助学生通过书刊、网络、影视、多媒体、专家经验等多种途径获得学习信息，学生在学习过程中主动收集并分析美术资料，学会自己积累知识，树立“我能学”的独立意识。

学生的预习途径多种多样，教师通过多媒体动画演示古建筑专有名词的概念，既为学生统一了标准，又为学生搭建了学习的台阶。在课堂中，我设计了一系列的学习活动，为学生创设自学的机会，挖掘他们的学习潜能，使学生能够逐渐摆脱束缚，主动驾驭自己的学习。

课堂自始至终，教师根据学生的不同潜能和个性灵活处理教学活动中的问题，做到因材施教，让教师从课程的执行者转向课程的设计者。

1. 以学生多元评价替代教师单一评价

在每组展示完毕后，小组成员即刻判断古建筑屋顶的等级位置，并进行排序，其他小组进行评价或提出意见，最后由各小组分析形成等级顺序的答案，教学重点贯穿活动始终，加深学生学习的印象。

本节课淡化了评价的选拔和甄别作用，从学生的学习态度、学习兴趣、课堂互动、实践能力等多个方面进行评价，考虑学生的不同需要和学生的个别差异，促进学生知识与技能、过程与方法、情感态度与价值观等方面的发展，使教师由评价者转向课程学习和发展的激励者。

2. 以学生已有知识和经验推动新知识的学习

本节课教学强调了学生的体验性，在《清明上河图》中感受当时社会的城市建筑风貌，让学生身临其境，缩短了学生与欣赏内容的距离，使他们在后面的深入学习中能有分析的依据和联想空间，学生比较容易进入状态，能够及时将课堂知识内化为自己的知识结构。

在“推陈出新”环节，学生在历朝历代演变后的屋顶造型中感受古建筑承前启后的创新之美，赞叹中国古人勇于开拓的艺术创造力。在课堂结尾，留下问题“现代建筑中东方元素的运用”，使课堂延伸，形成专题式课程，推动学生对新知识进行进一步的学习。

建构主义理论下的知识是“生成的”而非“粘贴的”，教学过程要遵循学生的认知规律，由浅入深、层层深入地引导学生在体验、尝试、探究、实践中感悟，多积累优秀的艺术作品，提升自己的审美。

（四）以创新课堂的探索者替代美术教材的执行者

《美术课标》没有沿袭罗列具体知识点的方法，而是制定导向性的内容标准，并提出一些具体的教学活动建议，帮助教师引导学生向内容标准要求的方向发展。本节课以教材中的“故宫”为“引题”，将其中的人文知识加以提炼，形成如“中国古建筑之屋顶”“中国古建筑之彩画”“中国古建筑的意境之美”等系列课程。从多个层面，深入地引导学生对每节课的人文知识进行思考、讨论，逐渐增进对祖国传统文化的理解与热爱，提高欣赏能力和形象表达能力。

本节课中，教师根据教学目标及本班学生兴趣、爱好和个性特点，对美术教材进行适当的“裁剪”，因地制宜地创造新的教学活动，从而使教师的教学活动更加灵活，更具主动性和创造性。

《美术课标》指出，“欣赏·评述”学习领域的教学应注重学生的积极参与，努力激发学生的主体意识，以多样的教学方式引导学生掌握最基本的美术欣赏方法。这与“以学生为本”的教学理念完全一致。但学生的自主学习并不是无条件、无控制的，而是要建立在教师自始至终的有效引导上。根据SCL原则，利用SCL工具和方法，教师能更好地实现这一目标，完成教师与学生角色的转换，让学生真正成为学习的主人，主动去学习，主动去发现，主动去探究，从而提高审美素养和自主学习的能力。

专家点评

这节课的教学设计具有一定的创新性，教师依据学情分析，认真钻研教材并细致备课，具体体现在以下三点。

第一，将教材中的大主题“北京中轴线建筑”，根据本校学生的特点和教师的独特设计，形成自己的系列专题教学活动，即中国古建筑之屋顶、中国古建筑之彩画、中国古建筑的意境之美，凸显出教师认真钻研教材、不断探索教学方法的精神。

第二，“以学生为本”的教学方法。本节课教师引导学生去探究、去发现，并利用多种方式和手段，如小组合作、现代教育技术、学生手抄报以及学生自己总结评价的形式进行教学。

第三，“以学生为本”的备课理念。中国传统建筑的知识很多，包括各种传统建筑大屋顶的种类，教师查阅了大量资料，根据学生兴趣和接受能力进行知识梳理和归纳，形成有效的课程知识，这比照本宣科难度要大得多。

还有两点值得进一步完善。

一是挖掘教材教育价值，寻找核心素养落地策略。教材中“北京中轴线建筑”一课很有研究点，与北京申遗联系起来，以北京中轴线为切入点，再结合“中国古代建筑的屋顶”，教学效果会更好，同时对学生进行优秀传统文化传承的引导。

二是充分利用乡土学习资源，与学生的认知经验紧密结合。此教学设计以古代绘画作品《清明上河图》为例来研究中国古代建筑的屋顶，有一点舍近求远的感觉。该校地处北京，北京有深厚的文化底蕴，有皇家建筑，有四合院，学生能够看得到，如果引导学生收集身边的传统建筑，资料会更多，体验也会更深刻。

参考文献

彼得，赫尔，2013. 彼得原理［M］. 珍藏版. 闾佳，司茹，译. 北京：机械工业出版社.

蔡敏，2004. “角色扮演式教学”的原理与评价［J］. 教育科学（20）：6.

陈春华，2018. “以学生为中心”教育理念在职业院校教学管理中的运用［J］. 教育现代化，5（34）：255-256.

陈隆升，2012. 从“学”的视角重构语文课堂：基于语文教师“学情分析”的个案研究［J］. 课程・教材・教法（4）：42-48.

陈腾祥，1975. 教学流程图研究：最实用的教学设计［M］. 台北：天马出版社，7，85-89.

陈友芳，2016. 情境设计能力与学科核心素养的养成［J］. 思想政治课教学（9）：4-6.

陈友芳，朱明光，2016. 核心素养本位的思想政治学科学业质量评价的策略与指标［J］. 中国考试（10）：32-37.

陈兆禛，2016. 高中思想政治生活化教学问题分析研究［J］. 考试周刊（78）：113.

程大海，2007. 高中课堂教学中新手型教师与熟手型教师化学学习情景素材的选择和呈现的个案比较研究［D］. 长春：东北师范大学.

褚焕生，2018. 以学生为中心的小学数学教学策略探究［J］. 西部素质教育，4（15）：245.

里德利，沃尔瑟，2001. 自主课堂：积极的课堂环境的作用［M］. 沈湘秦，译. 张厚粲，审校. 北京：中国轻工业出版社.

杜洋洋，2015. 支架式教学在高一生物课堂教学中的设计与实践［D］. 扬州：扬州大学.

何芳，2012. 杜威“学习经验”的性质及其现实意义［J］. 教学与管理（4）：12-13.

何克抗，1997. 建构主义的教学模式、教学方法与教学设计［J］. 北京师范大学学报（社会科学版）（5）：74-81.

胡金根，2001. 一个球棍模型串起一节课：谈教案设计的创新性［J］. 化学教育（7）：71.

胡璐，2017. 从细微处雕琢生物高效课堂："细胞中的糖类和脂质" 一节的教学反思［J］. 科教导刊（下旬）（2）：118-119.

胡田庚，2012. 中学思想政治课程标准与教材分析［M］. 北京：科学出版社.

扈中平，李方，张俊洪，2005. 现代教育学［M］. 北京：高等教育出版社.

姜小军，2012. 高校教师说课技巧刍议［J］. 教育与职业（3）：177.

李宝荣，2015. 以提升能力为本：基于学生研究的英语教学［M］. 北京：教育科学出版社.

李爽，陈丽，2011. "以学生为中心" 的教学原理与实践指南［M］. 北京：中央广播电视大学出版社.

林小驹，李跃，沈晓红，2015. 高中化学学科核心素养体系的构成和特点［J］. 教育导刊（5）：78-81.

刘恩山，徐洪林，2003. 运用概念图进行生物教学对学生认知方式的影响［J］. 学科教育（7）：36-40.

刘红，2003. 高中化学教学中 "情景素材" 的开发和应用［D］. 上海：华东师范大学.

刘伟，黄显敏，2017. 基于核心素养的科学思维培育探索［J］. 中学物理教学参考（10）：52-54.

刘晓莉，2016. 情境教学法在中学化学有效教学中的应用［J］. 科教导刊（下旬）（5）：127-128.

卢慕稚，马广明，2016. 物理图像的能力价值及其教学策略［J］. 中学物理教学参考，45（13）：19-22.

吕传汉，汪秉彝，2006. 中小学数学情境与提出问题教学研究［M］. 贵阳：贵州人民出版社.

MacDonald A，2013. The Personality Potion［M］. 北京：中国青年出版社.

奥苏伯尔，1978. 教育心理学：认知观点［M］. 任夫松，译. 北京：人民教育出版社，序言.

潘雪莲，2018. 浅谈怎样把握小学数学教学的重难点［J］. 发展导报，10-09（19）.

庞玉崑，2012. 常见的“学情分析”错误与解决方法［J］. 基础教育论坛（10）：27-29.

彭小明，2007. 教学板书特征论［J］. 教育评论（4）：92.

皮连生，2009. 学与教的心理学［M］. 5 版. 上海：华东师范大学出版社.

Ridley，Walther，2001. 自主课堂：积极的课堂环境的作用［M］. 北京：中国轻工业出版社.

邵晓枫，廖其发，2006.“以学生为本”教育理念内涵的解读［J］. 中国教育学刊（3）：3-5.

盛群力，褚献华，2004. 系统设计教学视野中的课堂教学结构［J］. 教育科学研究（1）：38-40.

施忆杨，青云，等，2004. 初中科学：新课标新实验［M］. 杭州：浙江科学技术出版社.

斯莱文，2016. 教育心理学理论与实践［M］. 吕红梅，姚梅林，等译. 10 版. 北京：人民邮电出版社.

束定芳，2010. 大学英语课堂教学，我们教什么，怎么教?：写在首届“外研社杯”全国大学英语教学大赛闭幕之际［J］. 外语界，2010（6）：26-32.

孙爱妮，2011. 和谐高效思维对话：新课堂教学的实践探索［M］. 北京：教育科学出版社.

涂荣豹，杨骞，王光明，2011. 中国数学教学研究 30 年［M］. 北京：科学出版社.

王本陆，2007. 现代教学理论：探索与争鸣［M］. 合肥：安徽教育出版社.

王光明，2010. 数学教育研究方法与论文写作［M］. 北京：北京师范大学出版社.

王静，2018. 以学生为中心的本科教学模式路径探索［D］. 呼和浩特：内蒙古大学.

王葎，2016. 情境教学的教育价值意蕴：基于关怀伦理的视角［J］. 思想政治课教学（11）：4-7.

王晓静，2014. 高中政治教学生活化的实践与思考［J］. 高考（综合版）（11）：47.

王秀红，李艳梅，2005. 中学化学教学情景的创设技术［J］. 现代中小学教育（10）：23-26.

韦冬余，吴义昌，2009. 合作学习与独立学习辩：基于对《全日制义务教育语文课程标准（实验稿）》的解读［J］. 新课程研究（161）：6-8.

卫建国，2016. 英国大学以学生为中心的优质教学探析［J］. 高等教育研究（10）：104-109.

伍尔福克，2015. 伍尔福克教育心理学［M］. 伍新春，张军，季娇，译. 12 版. 北京：中国人民大学出版社.

《心理学百科全书》编辑委员会，1995. 心理学百科全书（中卷）［M］. 杭州：浙江教育出版社：847.

杨彰发，2010. 如何做好学情分析［J］. 贵州教育（16）：26-27.

叶澜，2002. 重建课堂教学价值观［J］. 教育研究（5）：3-7.

尹林，2016. "先行组织者"教学策略在高中生物概念教学中的应用［D］. 哈尔滨：哈尔滨师范大学.

余新，2010. 多元智能在世界［M］. 北京：首都师范大学出版社.

余新，2012. 教师培训师专业修炼［M］. 北京：教育科学出版社.

袁振国，2011. 当代教育学［M］. 4 版. 北京：教育科学出版社.

张勍，2012. 以学生为中心：教学法分析及案例［M］. 北京：北京出版社.

张庆宗，2011. 外语学与教的心理学原理［M］. 北京：外语教学与研究出版社.

张燕，2011. 让提问成为数学课堂的引擎［J］. 数学大世界（教师适用）（4）：17.

郑淑晖，2007. 浅析小组任务驱动学习模式中的优化控制［J］. 教育理论与实践，4（27）：55.

朱明光，2016. 关于思想政治学科核心素养的思考［J］. 思想政治课教学（1）：4-7.

朱万新，2016. "问题链"在高中数学教学中的应用［D］. 呼和浩特：内蒙古师范大学.

左静雅，2018. 中学思想政治课教学回归生活世界研究［J］. 新课程研究（6）：112-114.

EARL L，2003. Assessment as learning：Using classroom assessment to maximize student learning［M］. Thousand Oaks，CA：Corwin Press.